本书编辑委员会

主　编　夏伟飞
副主编　熊其军　阮高峰　杨　娬　崔丽霞
委　员（按照姓氏笔画排序）

马剑波　马海飞　王　凭　王定波　王晓东
毛东辉　方维炳　田　静　乐碧云　戎曙光
朱力达　刘冬冬　刘振腾　刘愔颖　阮建勇
李晓蕙　吴利文　吴科斌　吴晶京　宋国伟
张　燕　陆丽园　陈　红　陈邦银　陈军民
陈艳姣　郑　颖　郑积勤　郎敏华　贺亚敏
钱朝虹　徐　缨　徐友康　梅雪亮　曹子瑜
梁萍儿　彭森森　葛剑英　葛钰婷　蒋仕昂
蒋春寒　傅俐俐　裘申魏　裘建焕　虞黎明

"互联网+"时代

教育优质均衡发展的路径与策略

宁波市江北区教育局　编著

宁波出版社

图书在版编目（CIP）数据

"互联网+"时代教育优质均衡发展的路径与策略 / 宁波市江北区教育局编著 . — 宁波：宁波出版社，2021.12

ISBN 978-7-5526-4414-2

Ⅰ.①互… Ⅱ.①宁… Ⅲ.①地方教育—发展—研究—宁波 Ⅳ.① G527.553

中国版本图书馆 CIP 数据核字（2021）第 218395 号

"互联网+"时代教育优质均衡发展的路径与策略

宁波市江北区教育局　编著

出版发行	宁波出版社
	（宁波市甬江大道 1 号宁波书城 8 号楼 6 楼　315040）
责任编辑	陈　静
助理编辑	刘思雨
责任校对	虞姬颖　秦梦嫄
印　　刷	宁波报业印刷发展有限公司
开　　本	787mm×1092mm　1/16
印　　张	15
字　　数	200 千
版　　次	2021 年 12 月第 1 版
印　　次	2021 年 12 月第 1 次印刷
标准书号	978-7-5526-4414-2
定　　价	48.00 元

如发现缺页或倒装，影响阅读，请与印刷厂联系，电话：0574-87682300

（版权所有　翻印必究）

序

  2015年,"互联网+"首次正式写入政府工作报告,并成为那一年政府工作报告九大新词热词之一。自此,"互联网+"迅速传播,并与各个传统行业加速融合。2017年1月,国务院发布的《国家教育事业发展"十三五"规划》把积极发展"互联网+教育"作为改革创新驱动教育发展的七大重要举措之一。

  也是在2017年,我们启动了一项"教学点连接计划"的试点工作。在调研过程中,其中有一站我们来到了位于开化县钱江源头的齐溪镇中心学校。该校地处浙、皖、赣三省交界,群山环抱,绿树成荫,不仅有整洁明亮的教室,有让城市学校都羡慕的标准操场,甚至还拥有一座小山。校长带我们爬上小山,头顶蓝天白云,脚下一条清澈的溪流围着学校绕了一个90度的弯,欢快地向山下奔去——那便是钱江源了。当我们都在羡慕学校环境优美的时候,校长却一脸愁容地告诉我们,由于地处偏远,师资薄弱,学校这些年生源流失严重,学生数已经从180多人快速下降到100人左右;教师群体中年龄两极分化,特别是年轻教师在日常教学教研中难以获得有效的指导,发展空间受限。师资上不去,生源留不住,如此形成了恶性循环。

我们试着为学校引入新技术,并协助学校与省内的名优学校结对,以"互联网+"的方式构建教育共同体,让乡村小规模学校的学生也能享受城市名优学校的优质教育资源。一年下来,学校有了明显变化,其年度教育教学质量增量位列全县第一。第二年,我们跟县教育局共同研究,深化试点工作。县教育局安排实验小学与该校结成更加紧密的教育共同体,两校实行同步管理、同步教研,两所学校的两个班级实行同步教学,并对教学质量进行捆绑考核,而且县教育局还专门出台政策,教师开设的远程同步课堂可以折半计为支教时长。如此一来,原来的公开课变成了真正的常态课,教师纯粹奉献的偶尔为之,也变成了积极争取专业发展的持续行为。到了第三年,更加可喜的变化发生了。齐溪镇中心学校不再只是单纯的输入方,它充分发挥乡村学校得天独厚的资源优势,开始向数百公里以外的城市学校的孩子输出茶文化拓展课等生态特色课程。依托全景摄像、5G 与 VR 增强现实,两校的孩子们交融在同一个课堂中,真正实现了让城乡孩子共享优质教育资源。

今年再次碰到吴校长,只见他朴实的脸上洋溢着笑容。他告诉我们,原来学校外流的生源又回来了,甚至隔山相邻的安徽省的学生也争相来这里上学了。

"教学点连接计划"后来没有铺开,因为另一项更为宏大的工程启动了,这就是大家都知道的"互联网 + 义务教育"千校结对工程。之后,浙江省教育厅又在此基础上深化推出了城乡义务教育共同体项目。截至 2021 年 8 月,全省共有城乡义务教育共同体结对学校(校区)3400 余所,接近全省义务教育学校总数的 70%;全省累计开展"互联网 + 义务教育"同步课堂 95000 余节、远程专递课堂 13000 余节、教师网络研修54400余次、名师网络课堂9600余节。资源共享、管理共进、教学共研、文化共生,以互联网为代表的信息技术将相距千百公里的城乡学校连接在一起,以此为起点和切入口,新技术、新方法、新思想穿透教育的裂缝,开始在各个层面撒下种子并萌发新芽。

从"教学点连接计划"到城乡教育共同体,从智慧教育到教育领域数字化改革,技术常常以一种拓荒者,甚至颠覆者的姿态出现,像一位骑士一样始终鞭策着教育快进。但技术从来都不是也不能是独行者,每一次真正带来影响、引发教育变革的技术创新,都有教学创新和制度创新与之同行。从事教育技术工作的时间越长,我就越能深切地体会到,技术之于教育,并不是简单相加,更像是两者相乘,是技术渗透于教育的内容、教学、评价和管理的全过程。技术与教育的深度融合和逐步优化,将最终创新和重构人才培养的模式。

在浙江,齐溪镇中心学校的故事每天都在发生。在探索区域教育优质均衡、促进学习者个性化发展的道路上,这些学校都演绎着各自不同的精彩。宁波市江北区作为其中的一分子,在先期试点、稳步实施、深入研究的基础上,提炼区域实践经验汇编成书。这一个个来自基层、来自教学一线的创新实践,是那样鲜活灵动,不禁让我想起齐溪镇中心学校山脚下那条清澈而欢快的溪流。它和青山绿水间千百条溪流一起,努力探索而百折不挠,心怀远方并始终奔流向前。初时虽是涓涓细流,但这源源不断的活水,却能汇成足以推动教育变革的磅礴如潮的力量。

技术,助力创造更加美好的教育。一切值得我们期待!

浙江省教育技术中心副主任　莫世荣

前　言

党的十九大指出,进入新的历史时期后,我国社会的主要矛盾已经转变为人民日益增长的美好生活需要和不平衡不充分的发展之间的矛盾。在基础教育领域,这种"不平衡不充分"的发展状态也同样存在,主要表现在优质教育资源供给总量不足、区域间差异较大、发展不够均衡等方面。正因如此,推动教育的优质均衡发展也成为各级教育行政部门在推进教育事业发展时的核心决策方向和工作重点。在近几年国务院《政府工作报告》与教育相关的文字中,"高质量"和"公平"也是出现频率较高的关键词。

教育的优质均衡发展是一项系统工程,需要教育行政部门统筹规划,多方着手,创新推进路径与方式。互联网这一信息流通便捷高效的技术媒介,在教育资源的共享应用、教育力量的协同整合上具有天然的优势,因此成为各地教育优质均衡发展路径探索的重要决策因素和实施载体。浙江省作为全国教育信息化建设较为前沿的地区,于2018年开展"城乡携手、同步课堂"试点;2019年启动"互联网＋义务教育"工程,推进1000所中小学校结对帮扶,并将其列入省政府民生实事；2020年将"深化'互联网+义务教育'，探索组建城乡教育共同体，推动城乡学生同教育同培养"列为年度重点工作之一；2021年将新增的1500所城乡教育共同体结对学校（校区）列为省政府民生实事。这些实践层层深入，在互联网时代探索教育优质均衡发展的道路上留下一串串浙江的印记。

宁波市江北区较早把握"互联网+"的发展态势，持续探索互联网与区域教育发展的融合创新模式。自2019年以来，江北区启动城乡学校结对帮扶实践试点，并与浙江师范大学等高校研究团队协同合作，利用城乡同步课堂、名师专递课堂、江北直播课等形式对城乡教育资源的均衡配置与高质量发展进行了深入的研究与实践。至今，城乡结对帮扶进入常态，互联网在校际同步教学、混合式学习、网络教研中的应用模式逐渐清晰，区域获评浙江省首批"互联网+义务教育"实验区，于第一轮通过浙江省区域和学校整体推进智慧教育综合试点成果鉴定。

在上述背景下，我们系统地梳理了区域"互联网+义务教育"研究与实践的阶段成果，结集为本书。本书是集体智慧的结晶。全书由江北区教育局、浙江师范大学智慧教育研究院长期从事互联网教育应用的管理人员和专家联合策划，江北区各"互联网+义务教育"结对中小学校30余位教师参与撰写。这30余位撰写者是每所结对校（含支援校和受援校）的同步教师和项目负责人，有几位是外来务工人员随迁子女学校的非编教师，充分体现了同步课堂的实施从"输血"走向"造血"，促进教育优质均衡的发展进程。

本书的撰写既是实践研究成果的输出，也是参与同步工作的教师与管理者的提升性学习。在撰写书稿的近一年时间里，江北区教育局与浙江师范大学签订科研合作协议，请浙江师范大学智慧教育学院阮高峰教授及其团队,对撰写人员开展了6次集中线下培训,4次线上培训,百余人次的一对一个别化写作指导。在此,衷心感谢阮高峰教授及其带领的合作研究团队对每一位教师的悉心指导,对每一篇文章的专业修订,对整本书的最终统稿。

本书的规划与撰写试图精炼、准确地再现宁波市江北区在互联网助力教育优质均衡发展中的实践经验,希望能给各地同行在开展类似实践时提供参考。但是,"互联网+义务教育"是在互联网技术与教育融合创新的过程中出现的新生事物,加之作者水平有限,书中一定存有不尽之处,恳请读者不吝赐教。

编　者

目　录

序　莫世荣　/　001
前　言　/　004

1　"互联网＋教育"的运行机制与策略　/　001

论"互联网＋"时代教育优质均衡发展的实施路径　/　003
教育均衡背景下区域推进城乡同步课堂运行机制研究　/　012
"互联网＋教育共同体"中课程协同建设的实践研究　/　025
"互联网＋"背景下城乡校际协作路径的探索与实践　/　032

2　"互联网＋"支持教学创新　/　039

"互联网＋同步课堂"中教师课堂管理行为现状调查　/　041
同步课堂环境中智慧教学的设计与实施　/　049
即时反馈系统促进同步课堂互动成效的策略研究　/　055

任务驱动教学在同步课堂中的应用 / 062

促进小学英语同步课堂有效互动的策略研究 / 068

信息技术在同步课堂的应用策略研究 / 076

小学语文城乡同步课堂差异教学的实践研究 / 082

小学中高段语文名师专递课堂中的双师协作研究 / 088

"互联网+"背景下小学英语双师教学模式的实践 / 096

"互联网+"环境中探究式学习的设计与实施 / 102

"互联网+同步课堂"环境中练习课分层教学的研究与实践 / 109

3 "互联网+"助力学习方式变革 / 117

"互联网+同步课堂"受援方学生内部学习动机现状研究 / 119

同步课堂中的学生参与及其提升策略 / 124

基于学习共同体的在线教学设计

——以《遨游汉字王国》一课为例 / 131

同步课堂提升小规模学校语文口语教学的策略研究 / 137

"互联网+同步课堂"中学生课堂专注度提升策略的个案研究 / 145

基于互联网的资源型学习设计与实施 / 154

同步课堂中项目式学习的设计 / 161

项目式学习在小学美术同步课堂中的应用

——以"茶香四溢"项目为例 / 170

互联网环境下的课后服务创新 / 179

4 "互联网+"与教师专业发展 / 185

"互联网+"环境下教师专业发展的新途径 / 187
基于互联网的校际教师专业发展共同体的构建与运行 / 195
"互联网+校际同步教研"模式及其应用策略 / 203
基于互联网的校际教研及其实施建议 / 210
基于同步教研资源的教师实践知识提升策略研究 / 218

附录：宁波市江北区推进"互联网+义务教育"工作历程 / 224

CHAPTER ONE
"互联网+教育"的运行机制与策略

论"互联网+"时代教育优质均衡发展的实施路径

浙江省教育技术中心应用推广部　童兆平

　　以互联网为核心的信息技术正在成为推进义务教育优质均衡发展的重要变革力量。依托互联网等信息技术优势,促进优质教育资源共建共享,将教育信息化作为统筹城乡教育一体化改革发展的战略突破口,已成为当前教育品质提升与均衡布局的一个重要实践领域。

一、"互联网+"时代教育优质均衡发展的演进

(一)"互联网+教育"的演进

　　随着以互联网为核心的信息技术在我国社会生产生活各领域的应用渐趋广泛和深入,以"互联网+"为核心的思维探索教育改革与发展新路径成为我国教育事业发展规划中的重要举措。2016年12月28日,国务院常务会议审议通过国家教育事业发展"十三五"规划,首次提出推动"互联网+教育"发展。2017年1月,国务院发布的《国家教育事业发展"十三五"规划》把积极发展"互联网+教育"作为改革创新驱动教育发展的七大重要举

措之一[1]。2017年,党的十九大报告明确提出"办好网络教育"。2018年4月,《教育信息化2.0行动计划》明确提出"互联网+教育",更将"互联网+"为主要特征的教育信息化作为教育系统性变革的内生变量[2]。2019年2月,中共中央、国务院印发的《中国教育现代化2035》明确提出了"加快信息化时代教育变革"[3]。2019年6月23日,中共中央、国务院印发《关于深化教育教学改革全面提高义务教育质量的意见》,提出促进信息技术与教育教学融合应用,推进"教育+互联网"发展,加快数字校园建设,积极探索基于互联网的教学[4]。

2019年8月28日,李克强总理在国务院常务会议中强调:"推进'互联网+教育',鼓励符合条件的各类主体发展在线教育……支持面向深度贫困地区开发内容丰富的在线教育资源。"[5]这标志着将互联网技术作为我国教育资源共享应用与均衡配置,并带动教育品质共同提升,已经成为我国教育政策规划的重要内容之一。

(二)"互联网+教育"的浙江实践

在浙江,以技术弥补教育资源分布不平衡,促进乡村学校提质增效的实践由来已久,经历了"点、线、面、体"持续推进的实践历程。

21世纪初期,浙江省以教学光盘播放点、卫星教学收视点、计算机教室等三种模式,持续推进了两轮"农远工程",传送优质教育资源到农村学校,实现"点"的辐射;2018年,基于录播系统试点"城乡携手、同步课堂"的试点,35对(70所)学校,以教室与教室的连接,增进城乡课堂教学的协同,实现"线"的连接;2019年,"互联网+义务教育"千校结对工程被纳入省政府民生实事,基于互联网等信息技术,扩大优质教育资源覆盖面,让城乡孩子共享优质教育资源,实现"面"的共享。2019年,全省1458所、785对中小学参与"互联网+义务教育"结对,共开展5万余次四类帮扶活动,参与师生累计236万余人次。2020年,结对帮扶学校扩面至1600余对(3000

余所），覆盖全省60%左右的义务教育段学校，各类帮扶活动共开展9.6万余节（次），参与师生384万余人次。2020年，评定15个省级"互联网+义务教育"实验区，开展深度试点。2020年，以"互联网+义务教育"实践为有效载体和创新形式，着力探索和构建新时代城乡教育共同体建设，重点在体制机制上探索改革创新，打破校际管理藩篱，力求在人财物管理、教师资源调配、绩效评价、考核激励机制等方面有所突破。

浙江以"互联网+"撬动城乡教育一体化发展变革，让技术赋能教育均衡，聚点成线，连线及面，由面到体。

二、"互联网+"时代教育优质均衡发展的基本路径

依托技术促进城乡学校协同发展，需要有清晰的路径规划与实施架构，从实践层面深入运作，发挥技术赋能作用，必须要在技术支撑、应用实践、体制机制三个路径上厘清层级与作用（如图1所示）。

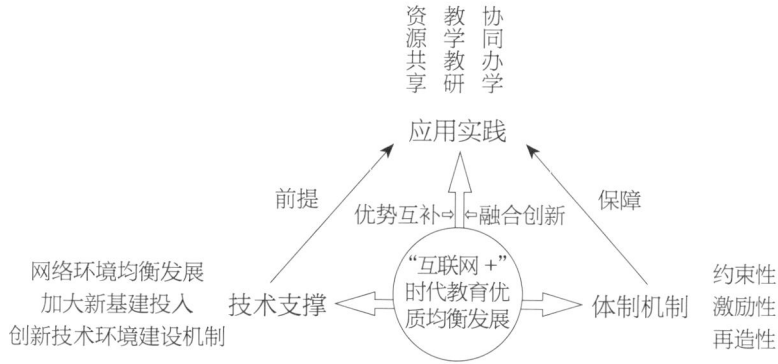

图1 "互联网+"时代教育优质均衡发展路径图

（一）需求驱动构筑技术支撑路径

2018年，浙江省借助以互联网为代表的信息技术，以录播系统为支撑，

开展结对学校网络远程同步课堂试点。随着时代的进步，技术在促进城乡优质教育均衡发展中扮演的角色愈加重要。针对技术环境建设问题，一方面，基于技术与需求的结合点，理性地引入5G、大数据、人工智能等新技术；另一方面，在强化技术基础保障的同时，关注"人技"结合问题，将技术的局限性与人的创造性有机融合。"互联网＋"时代，技术环境的建设主要涵盖以下三个方面的内容。

一要推动"互联网＋教育"的网络环境均衡发展，特别是加大对偏僻、贫困的农村、山区、海岛学校、家庭的互联网基础设施的投入，并减免贫困家庭的流量使用费用，努力实现家家校校有宽带，家家校校有终端。二要加大对教育领域新一代信息技术基础设施的投入，加快新型基础设施在教育领域的部署，构建适应未来教育发展的高速、移动、安全、泛在的新一代信息网络，努力将"5G＋智慧教育应用示范"列入5G创新应用提升工程，构建技术赋能的"互联网＋教育"技术环境。三要创新"互联网＋教育"技术环境建设机制，充分发挥政府的主导、主体作用，并建立国家顶层设计，国家、省、市、县分级负担机制；积极发挥市场机制的作用，主动引入"运营商"等社会力量参与"互联网＋教育"网络环境建设，引进企业、科研机构探索AI、大数据、5G等技术在"互联网＋教育"中的创新应用。

（二）生态理念谋划应用实践路径

技术为城乡协同发展提供了基础，但核心在于应用实践。尽管技术的功效已有预知，但如何充分借助技术优势进行实践研究，并形成卓有成效的应用实践模式，仍然是技术促进城乡教育均衡发展的核心要义。

推进城乡教育优质均衡发展应用实践要明确其内涵。一是，城乡结对帮扶，不是你强我弱，而是优势互补。城区学校有其优势，乡村学校同样也有其独具特色之处，结对学校间在有效梳理双方优势、需求的基础上，着力结对学校差异互补共同发展。二是，"互联网＋教育"不是简单相加，而是融合创新,要严格遵照教育规律和学生成长规律,关注"技术伦理"问题,科学、理性、适切、有效地推进技术与教育教学的融合,鼓励各地各校创新实践,从而提高教育帮扶的质量、水平和效益。各地各校要在明确城乡教育均衡发展深刻内涵的基础上,开展常态化的应用实践。

1. 技术赋能共享数字资源的应用实践模式

城区学校办学水平、教师专业能力、学生综合素养、办学条件等相对优于乡村学校,但乡村学校也有其独具特色之处。基于互联网等信息技术,城乡学生通过屏幕实现同步上课、同步作业、同步测试、同步答疑和辅导,能有效促进学生知识、技能与情感的同频共振。技术赋能下的城乡数字资源共享模式主要包含以下几个方面。

走进名校名师课堂。借助技术,大力推进城乡同步课堂和远程专递课堂,助力乡村学校师生走进名校名师课堂,扩大名优教育资源辐射面,发挥引领、带动作用。

补齐乡村教学短板。以技术为桥梁,城区学校协助乡村学校开齐、开足综合性、拓展性课程,让乡村孩子享受正常的、专业教学的国家综合性课程,从而提升乡村孩子的综合素养。

反哺差异特色课程。充分发挥乡村学校地域、文化、资源等优势,向城区学校反向共享特色资源与课程,从而缩小城乡学校差异共同发展,让乡村学校、教师、学生同样在结对过程中有充足自信。

优化资源供给模式。一方面,国家、省级数字资源公共服务平台的持续推进,由资源汇聚逐渐迈向资源服务与融合应用,为师生的选择性资源应用与学习提供了基础保障;另一方面,建立区域或学校资源共享平台,创新资源应用模式,为城乡学校、孩子提供泛在的、更具针对性的学习资源。

2. 技术赋能助力教学教研的应用实践模式

课堂教学始终是城乡学校结对的主战场,应以教学应用、教师研修为着力点,来推进城乡优质教育资源的共建共享。技术赋能下的教学教研应用模式主要包含以下内容。

协同线上线下教研。面对通过屏幕组建的虚拟大班,不同学校、不同师生,通过网络与屏幕实现了资源共享,也调动起城乡教师的研修协同。此外,师生互访能增进校际交流、文化共融,从而有效提升线上的协同成效。

互通网络教学角色。"互联网+"时代冲击下的教学应用模式等问题暴露无遗。同步课堂中的教师既要关注本班的孩子,还得照顾到对方的孩子。针对同步互动课堂等网络授课形式,课堂教学的有效组织形式有待探究,主辅教师职责亟须划分与联动。

共促教师专业成长。在前期的问卷调研中,90%左右的受访教师认同"网络研修"将会是"互联网+义务教育"实践中最具成效的形式。互联网等信息技术让教师积累个人课堂教学实录、资源更加便捷,还为教师的自我反思、城乡学校共同开展网络研修提供平台,极大地拓展了乡村教师的教学视野、教育理念与行为,从而助力城乡教师的专业成长。

3. 技术赋能支撑协同办学的应用实践模式

在"互联网+"时代,通过技术赋能,推动数字化平台集成应用和业务流程再造,突破城乡学校物理空间的制约,降低传统手段人财物的运作成本,扩大常态化、大规模应用优势,着力将以强带弱、单向帮扶、线下输出为主要形式的传统城乡教育协同体,转型升级为全向互动、多维协同、差异互补、线上线下联动的新时代城乡教育共同体,有效推进城乡一体化发展。

融合型教共体。城乡学校融合型教育共同体,通过城区优质学校一定期限内托管乡村学校,统一法人,城区学校管理团队、教学团队的深度介入,办学水平捆绑考核等举措,依托互联网等信息技术手段,助力教共体人事、财务、管理的统一。

共建型教共体。城乡学校法人独立、财务独立,通过办学水平捆绑考核、教师综合调配等一体化的办学体制优势,借助技术支撑,有效破解教研成本高,青年教师专业发展机会少,完小无法高质量开齐、开足综合性课程等现实问题。

协作型教共体。省内初始的"互联网+义务教育"结对帮扶学校,多数属于协作型教育共同体,每所学校都是独立个体,在运作机制上更为灵活,通过愿景协同、机制协同、项目评估等举措,在促进城乡教育优质资源共建共享中,发挥了积极的作用,但在技术装备的协同与管理、结对活动开展的时空限度、校情师情生情差异协同等方面也面临了诸多挑战。

(三)系统思维构建体制机制路径

技术促进城乡协同发展,需要充分借鉴数字化改革的思维,以现代教育技术为手段,撬动城乡教育共同体管理体系变革,激活城乡义务教育优质均衡发展活力。

技术革命在本质上是一场制度革命。"互联网+教育"要取得理想效果,实现教育新生态的重构,亟须构建与之相适应的制度体系。一是制定约束性的规范制度。通过制度以解决"互联网+教育"发展的良莠不齐、混乱等新问题,促进"互联网+教育"的持续健康发展。比如,《网络信息内容生态治理规定》明确了网络信息内容生态治理的相关内容。二是制定激励性的规范制度。通过制度引导,激发各方积极性,促进"互联网+教育"的快速发展。比如,从中央到各地的鼓励发展"互联网+教育"、鼓励线上教育消费的有关文件;地方教育行政部门针对教师网络课程资源的知识产权保护、线上教学支教经历折算、教师线上授课报酬、共同体学校职称评定倾斜政策等方面做出规定。三是制定再造性的规范制度。对现有的教育制度提出革命性的主张,构建起与"互联网+"环境下的教育新生态相适应的规范制度。比如,基于教育领域数字化改革背景下的招生制度、学生综合素质评价制度、教师职称评审制度等制度的优化完善。

三、反思与展望

"互联网+"正在触发教育教学模式变革。"互联网+教育"是对教育各要素的全面重构,其核心在于构建未来教育新生态。浙江省"互联网+义务教育"城乡学校结对帮扶的创新实践,以及新冠疫情期间全球大规模的学生居家在线学习活动,为更加深刻理解"互联网+教育"提供了契机。为推动"互联网+教育"的持续健康发展,在厘清"互联网+教育"发展历史、本质及基本内涵的基础上,应该紧紧围绕"互联网+教育"的网络环境、学习空间、教育共同体、资源服务、教育治理、教育制度体系等方面,推进教与学方式变革,着眼"互联网+教育"生态重构。着力构建"互联网+"条件下的人才培养新模式,发展"互联网+"条件下的教育服务供给新模式,探索"互联网+"条件下的教育治理新模式,刻不容缓[6]。

浙江省教育基础较好,但老百姓从"有学上"到"上好学"和追求美好教育的需求亦大,更要优化顶层设计,完善资源整合力度,创新组织运行机制,更深入挖掘"互联网+"潜力,努力探索形成具有浙江印记的技术赋能教育均衡的经验,并为全国提供"互联网+教育"的浙江方略。

参考文献:

[1]中华人民共和国中央人民政府.国务院关于印发国家教育事业发展"十三五"规划的通知[EB/OL].(2017-01-10)[2021-05-12].http://www.gov.cn/zhengce/content/2017-01/19/content_5161341.htm.

[2]中华人民共和国教育部.教育部关于印发《教育信息化2.0行动计划》的通知[EB/OL].(2018-04-13)[2021-05-12].http://www.moe.gov.cn/srcsite/A16/s3342/201804/t20180425_334188.html.

[3]中华人民共和国中央人民政府.中共中央、国务院印发《中国教

育现代化2035》[EB/OL].(2019-02-23)[2021-05-12]. http://www.gov.cn/xinwen/2019-02/23/content_5367987.htm.

[4]中华人民共和国中央人民政府.中共中央 国务院关于深化教育教学改革全面提高义务教育质量的意见[EB/OL].(2019-07-08)[2021-05-12]. http://www.gov.cn/zhengce/2019-07/08/content_5407361.htm.

[5]中华人民共和国中央人民政府.李克强主持召开国务院常务会议部署深化放管结合加强事中事后监管 促进公平竞争提升市场效率等[EB/OL].(2019-08-28)[2021-05-12]. http://www.gov.cn/xinwen/2019-08/28/content_5425324.htm.

[6]雷朝滋.发展"互联网＋教育"推进教育深层次系统性变革刻不容缓[J].中国教育网络,2020(01):7-9.

教育均衡背景下区域推进城乡同步课堂运行机制研究

宁波市江北区教育局教研室　崔丽霞
宁波市江北区教育局　方维炳　吴科斌

浙江省试点义务教育学校城乡同步课堂的工作目标是探索"城乡携手、同步课堂"新型教学帮扶机制,有效提高乡村小规模小学和薄弱初中学校的教学质量和教师专业水平,为全省推广同步课堂提供指导意见和实践范例。其中第一项任务就是形成"城乡携手、同步课堂"的工作机制:研究城镇优质学校与乡村小规模小学或薄弱初中学校,建立紧密型结对学校的遴选、管理、考核制度,以及相关的保障和激励机制。

城乡同步课堂作为区域促进教育均衡的一项重要举措,既需要城乡携手学校间的协同配合,更需要教育行政部门的主导规划与组织协调,使得同步课堂克服诸多不同步的制约,真正发挥其作用,帮扶薄弱学校及其师生,促进其发展,增强其自主发展的动力与能力。本研究就是从区域层面入手,探索引导和优化区域城乡同步课堂各项活动的基本准则及相应制度,明确教育行政部门的主导和决策、组织和协调、保障和支持的作用,教学业务指导部门的专业引领、师资培训和实践指导的作用,为全省各地开展同步课堂提供区域经验。

一、问题的提出：城乡同步课堂运行协同乏力

（一）区域内统筹力度不够，校际实现同步困难重重

同步课堂的结对学校因其城乡异地远距的特点，往往存在诸多的不同步，如领导意识、工作流程、办事效率、设施设备、教学进度等。而结对学校间不存在上下级关系，所有工作的落实都需要通过协商来解决，只要中间有一个部门或人员意见不统一或工作搁置，就有可能导致整项工作停滞不前。因此，教育行政部门若没有相应的统筹安排及推进力度，同步作息时间、同步环境建设、同步课程规划等都会影响同步课堂工作的落实与推进。

（二）规划缺乏整体性与激励性，同步试点主体动力不足

同步课堂的实施需要支援校调动优秀师资力量及优质教育资源无偿奉献，而受援校也需要改变原有的工作惯性，抱持积极的态度接纳吸收，才能使同步的两端相得益彰。因此，区域若在规划布局结对学校时随意匹配，之后又没有激励制度跟进，任由支援校主观输出，受援校被动接受，甚至消极抵触，缺乏积极呼应，同步效应就难以发挥，同步两端的动力就会逐渐消退。

（三）师资培训缺少必要专业支持，同步课堂教学效益不显

同步课堂教学将原有的两个或几个自然班通过互联网合并成一个教学班，教师面对的教学对象骤然增多，城市优质学校与农村薄弱学校两地学情存在巨大差距，在互联网支持下的同步课堂既包括面对面教学，也包括基于网络的远程教学，同步教学与常态教学显著不同。因此，不是每个优秀教师都能胜任同步教学，线下的教学方式未必都适合同步教学。师资匮乏、资源短缺等现实问题，亟须教研部门深入研究、及时培训，并组织专业力量做好指导与支持工作，以保证同步课堂发挥其优质辐射作用，激发学生学习动力，提升教师专业水平，改善教育教学质量。

（四）技术运行维护不能到位，同步教学常态开展受限

同步课堂以网络为媒介，在相应的远程技术的支持下开展，然而教师并非技术人员，完成两端学生的教学还是新手上路，若再要进行设备操作或处理教学环境、技术设备的故障，自然会产生畏难情绪。而且，校内的信息技术教师也缺乏故障维修的经验。因此，技术设备一旦出现问题，往往就会导致两端学生空等一节课，乃至较长的一段时间内，由于企业或电教部门未能及时修复，同步教学无法正常开展，教学计划落空。

二、文献综述：城乡同步课堂"运行机制"研究有待深入

2018年8月，浙江省教育厅印发《浙江省义务教育学校"城乡携手、同步课堂"试点工作方案》，在全省20多组学校中先行开展试点工作，并要求开展试点的县（市、区）成立相应的领导小组及工作小组、确定试点学校、制定试点方案、开展试点工作，"同步课堂"开始进入教师视野。

（一）从研究内容看

《中国教育信息化》发表的由海南师范大学信息科学技术学院王觅、文欣远、陈焕东、龙海侠四人撰写的《基于知识图谱的同步课堂研究现状与趋势可视化分析》一文，基于中国知网（CNKI）1999—2019年的20年间的相关文献，结合利用CiteSpace可视化分析软件以及Ucinet社会网络分析软件，绘制知识图谱，对我国同步课堂研究的热点进行了梳理分析，发现这20年同步课堂研究领域主要集中在专递课堂、教学模式、信息技术、教学互动、教育公平、农村教学点、优质教育资源、教育信息化等方面。从上述关键词可见，研究者基本聚焦在相关的研究背景、教学模式、课堂教学策略、技术背景、愿景目标上，将同步课堂视作一种教学范式或一种教学模式，一个教学系统或一个学习环境，从教学或学习的视角来进行研究，重技术开发与教学设计。

（二）从研究对象看

雷励华与左明章（2015）在基于"中心校与教学点结对"研究中，提出了面向农村教学点的同步互动混合课堂教学模式。此教学模式的设计是以课堂互动多元化与课堂协作情境化为设计思路，以教学过程基本要素与教学信息在各要素之间的流向为核心内容。严友田与李冰景（2014）基于湖北省孝感市教育局开展的"名师'1+X'同步课堂信息化教学环境建设与应用研究"项目，介绍了"名师课堂对接"模式，利用丰富的网络资源，为学校之间搭建灵活、便捷、高速的信息通道，提供"办学理念对接、办学优势互补、管理经验探讨、教学经验交流、教师培训拓展"的平台，促进两校的"精细化、科学化、效率化"管理，进而提高两校的办学水平和教育质量。谢舒潇、杨七平、陈毓超和刘冠（2018）针对我国高校校区与校区之间存在的教学资源不均衡、优质课程不易共享、教师与学生沟通不足等问题，提出了"多校区同步翻转课堂教学模式"。上述研究其研究对象多为校与校，班与班之间的点上研究。

（三）区域协同推进同步课堂运行机制研究亟须深入

随着结对学校数量的增大，试点区域的增多，已有不少区域开始着手运行机制的研发与落实。如山东、四川等省份的试点区域都有相应的配套机制，如四川省泸州市纳溪区提出利用"区域化同步课堂"系统同步教学、同步教研、同步培训、同步会议"四同步"功能，开展教育精准扶贫，并建立相应的管理机制，构建"区域化同步课堂"系统"三级"管理网络；制定"区域化同步课堂"系统"三级"管理制度，形成教育精准扶贫大格局。这些都还处于试点阶段，尚不完善与深入，还不能解决同步课堂面临的区域性推广的问题。

三、机制建构："联动·并进·同行"的全方位支撑

同步课堂的建设目的在于促进教育的均衡发展，在互联网技术的支持

下覆盖农村小规模学校和薄弱学校，必然涉及区域内较多学校，成为一个复杂的系统工程。系统目标的实现需要多个利益相关主体组成强有力的协同力量，而这些力量的协调就需要教育行政部门发挥主导作用，建立相应工作团队与机制，保障工作的顺利进行。针对同步课堂由于机制不完善而导致的校际诸多同步困难、同步主体动力不足、同步教学效益不显、常态化运作受限等问题，区域在近两年的实践与探索过程中，从管理、培训、保障、评价等维度制定了全方位支撑的运行机制，有针对性地进行解决。具体建构如下图：

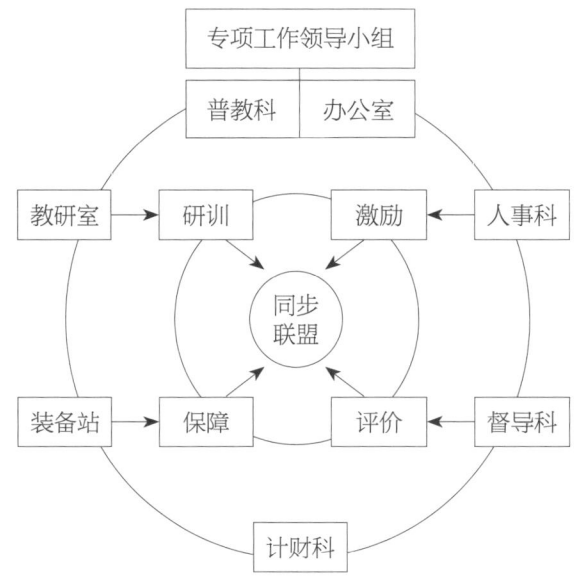

图1 "联动·并进·同行"的同步工作机制示意图

（一）部门联动的责任机制

在区教育局层面，成立由局长任组长的江北区"互联网+义务教育"结对帮扶民生实事项目专项工作领导小组，并设立专项工作办公室，明确由普教科牵头负责项目实施，办公室负责协调，计财科负责相关经费的预算和落实，装备站负责联合厂商提供技术指导和数字教育资源支持，教研室负责同步课堂教学模式研究和教学培训指导，人事科负责研究制订配套的职称评审、评优评先等支持政策，督导科牵头组织落实情况相关督导、通报工作。组织机构的完善，建立了各部门各司其职又交互协作的无空当责任网络，随时解决在同步进程中的各项问题。

（二）多维并进的管理机制

教育局各部门从研训、激励、评价、保障等多个维度制定相应的管理机制，以确保同步工作的有序进行。教研室制定实践驱动的培训机制，开展系列化的同步师资培训；人事科落地一套可行的同步教师激励机制，从课时量、支教、评优、评职等方面给予担任同步课堂教学工作的教师以倾斜；督导科牵头，把常态化开展远距同步教学试点情况等详细的信息化实施指标纳入区对校考核指标，每年予以考核；装备站牵头，制定厂商联动服务机制，与厂家签订服务协议，升级网络、购买服务，每周为每对结对学校提供2次上门技术服务支持，保障同步教学常态化开展。

（三）多方同行的工作机制

在教育局各部门联动并进的基础上，在学校层面，建立由各校校长担任组长的工作小组，以项目化方式推进工作，明确由分管副校长或中层干部担任项目负责人，负责协调校际差异，制定实施计划，落实同步教师，并在结对校间建立"班、组、校"层层结对的同步工作机制，保证同步教学两端的同等效益，实现良性互动下的校校携手提升。同时，各同步课堂实施学校建立区域性的同步联盟，集体备课，资源共建，展示交流，成果共享，为同步工作的顺利开展提供更多的资源。

四、实践历程："示范·引领·攻坚"的行动研究

（一）点校研究先行

江北区的同步课堂试点最早开始于2016年，由中心学校惠贞书院和

小规模学校修人学校结对"相约星期五",开展每周一课的同步教学。在2016年到2018年期间,两所学校开设了两个年级、两门学科的同步课堂教学,由教研员与学校领导、优秀教师共同合作开展同步教学,积累了相当丰富的互联网背景下的教育管理、同步教学、校际教研等经验,为区域推开"互联网+义务教育"工作提供了丰富的研究成果。江北区启动"城乡携手、同步课堂"工作现场会暨第一次培训活动和方案论证审议会议都在惠贞书院召开。通过现场会,帮助试点学校的领导与教师切身感受、了解同步课堂的实质,明确同步课堂的价值与意义,打通认知。通过论证审议会,严肃论证审议各试点学校的工作方案,消除试点学校校长与老师们的疑虑与困惑。

(二)区域培训引领

同步课堂是以互联网环境和远距教学系统为支撑,由城区优质学校和农村薄弱学校教师相互配合,以同步互动方式实现两地或多地学生同步上课的一种新型教学方式。它对于每一个教师来说都相对陌生,因此必须要有落地的"培训机制",才能在最短的时间内建立起同步教师队伍,确保同步教学的有效开展。同步课堂开始之初,本区域坚持不培训不上岗的原则。区域培训由教研室牵头,研训统整,组织已有同步教学经验的老师组建课题组,研究同步课堂实施的方法与策略,如两端教师共同备课的形式任务、两端教师基于技术的协同配合、同步课堂教师教的模式与策略、同步课堂学生学的过程与方法等,架构培训内容,开展实践驱动的在场情境式系列培训。

(三)学校联盟攻坚

同步课堂最初的价值就在于提升课堂教学的品质与效益。集中培训只能帮助教师形成一定的教学理念与教学思路,但是要真正掌握教学策略,做好同步教学工作,则需要教师在教学实践中不断发现问题解决问题,以获得更多的教学经验。为此，教育局鼓励各同步实施学校建立"同步课堂试点学校联盟"。教研室借助联盟，组织各校执教同步课堂的教师成立同步课堂备课小组。18所试点学校同年级同学科的教师集体备课，所有教学资源都上传至江北教育云共享平台，由教研员统一审核指导。这样既使得同步教学在课前就得到质量把控，同时也分散了同步课堂不同于常态课堂的备课压力，使同步教师们有了分享、交流的机会。教师下载使用他人的备课资料，既是一次学习，同时也是一次审视与反思。看见不足，提出自己的修改建议，与首创教师及时交流研讨，获得共同的提升。这些都大大提高了同步课堂的教学品质。

（四）创设氛围推进

在各学校同步工作进入正轨之后，为保持学校的工作进程，激发学校领导与教师的工作热情，及时分享各校的同步经验和成果，创设浓厚的同步氛围，提升同步工作效益，区教育局设立了轮流展示制度。在教学资源共建共享的基础上，轮流开展教学与教研展示的交流系列活动，互通共享教学经验与教研经验。该系列活动由区教研室进行质量监控与统筹安排。各试点学校在自行研究探索的基础上，将学校在同步教学方面做得相对成功的一个方面，以同步课堂教学、同步教研、专题工作坊等形式，向全区同步学校进行展示，然后由区教研室组织专家或骨干教师、高校教授等进行点评指导，帮助学校获得进一步提升，供全区试点学校学习。

（五）长效常态运行

"互联网+义务教育"背景下的"城乡携手、同步课堂"工作不是一个短期的行为，而是一个长期的工程。因此，必须要形成相应的同步机制，以指导常态工作的开展与规范，形成长效驱动。为此，区域建立了层层结对的同步工作机制，保证同步教学两端的同等效益，实现良性互动下的校校携手提升。

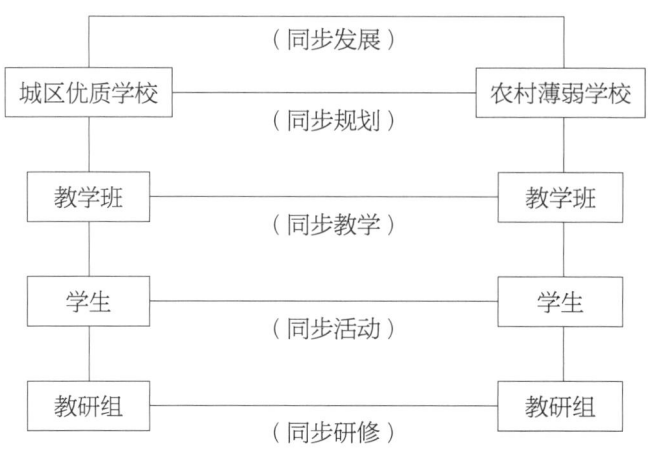

图 2 层层结对的同步帮扶机制示意图

1. 班班结对,同步教学

在班班结对,同步教学的过程中,城区优质学校的老师不但面向学生展开教学,还尽心尽力地传帮带薄弱学校的农村教师。"1+1"或"1+N"的帮扶,使得农村教师不断提升专业能力,由协助教学走向主导教学,成长为优秀教师。

2. 组组结对,同步教研

实施以教研组为单位的1对1结对模式,借助远距同步技术软件,采用"教学分享""论坛沙龙""工作坊"等形式,常态开展远距同步主题研修,是实现优秀师资共享,推动不同层次水平教师的多层面异质交流,拓展教师的专业视野,实现优质资源的共享与补给,提升教师专业能力的有效机制。

3. 校校结对,同步发展

两校间通过常态化的同步互动,建立淳朴而又深厚的校际友谊,不仅在教学、教研、活动等方面逐步形成了共享、互补、融合的帮扶态势,而且在学校管理、品质发展等方面也形成共谋发展、共襄进步的良性互动。

四、实施成效:完善的同步课堂运行机制推进城乡教育均衡

(一)构建了"联动·并进·同行"的同步工作机制,形成有序、有效的城乡同步环境

区校两级、局校商三方面共同建设人力(部门、学校组织、教师),财力(资金),物力(平台、资源、技术)一体化运作的同步工作机制,形成了良性运作的城乡同步课堂运行环境,保证了"互联网+义务教育"的结对帮扶工作的品质和效益。

目前,江北区有18所学校签订7组结对协议,实现小规模学校、偏乡农村学校、民工子弟学校全覆盖。各结对校有计划地开展同步课堂课程,结对互助,常态运作。截至2021年4月,江北区累计开展城乡同步课堂活动780余次,参与师生5.3万余人次,开展教师网络研修290余次,参与教师5800余人次。依托江北直播课的形式,在宁波智慧教育平台上为全区师生带去了320余节名师网络课堂,累计受益群体超过35万人次。

(二)创新了"实践驱动"的专业培训机制,实现优质资源的共培、共建、共享

建立试点研究先行、教研室统培、联盟共建的"实践驱动"的专业培训机制,培养了一批能够胜任同步教学的优秀教师,也打造了一批优质的教学资源。将前期的试点经验转化为可见、实用的教学行为,推动了区域同步教学的高起点发展。由教研室牵头,组织已有同步教学经验的教师组建课题组,研究同步课堂实施的方法与策略;成立同步课堂备课小组,同年级同学科教师集体备课、资源共享,统整区域力量确保同步课堂的教学质量。教师培养才是破题的关键。利用远距技术进行跨校研训活动,丰富结对校教师研修过程的"感受维度",从而建立"专业共识",培养一批扎根乡村的优秀教师,促使两方教师的专业能力不断精进,让教育优质均衡发展走得更实、更远。

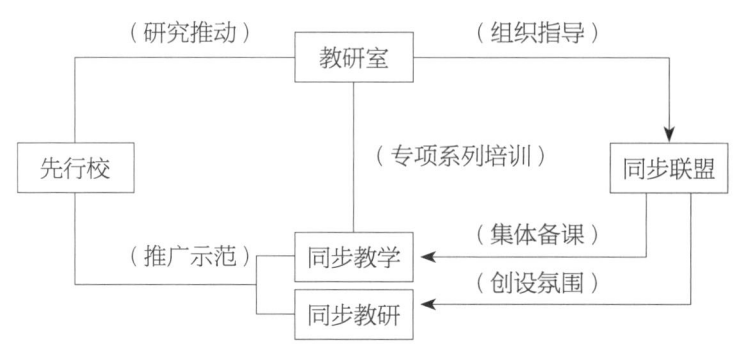

图 3　实践驱动的专业培训机制示意图

2018年,《"三智"理念下区域教育信息化的江北行动》获宁波市教育科研优秀成果一等奖;2019年,《信息化背景下区域学习资源共建共享的江北行动》获宁波市基础教育教学突出成果二等奖。

(三)结对帮扶形成"层层同步"的江北特色,促进教育优质均衡发展

区域建立了同步规划、同步课程、同步活动、同步研修、同步发展的帮扶"五同步"工作机制。同步规划——解决结对校诸多不同步问题;同步课程——保证同步教学两端的同等效益;同步研修——开发同步课堂的同步"造血"功能;同步活动——同步打开城乡学生的学习视界;同步发展——良性互动下的校校携手提升。"五同步机制"让"帮扶"更加精准,更具可操作性和可持续性。

江北区在教育均衡背景下推进城乡同步课堂的运行机制的不断完善与落实,不断提升了区域教育优质均衡发展。2019年,江北区面对国家教育督导组的实地核查,交出一份出色的答卷,成为全国首批义务教育优质均衡发展县(区)。2019年2月21日,江北区在省教育技术中心培训会上做了主题为《以远距互动　促教育均衡》的经验介绍;5月,在全省"互联网+义务教育"推进会上,江北区实验中学代表支援学校做了主题为"同步点亮课堂,城乡共享未来"的分享;7月,江北区教育局被确定为全省"区域和学

校整体推进智慧教育综合试点单位"；11月，江北区申报全国"基于教学改革、融合信息技术的新型教与学模式"实验区，在全省有了一定的影响力，其做法得到省教育厅主要领导的肯定批示。2020年5月，江北区被遴选为浙江省"互联网＋义务教育"15个实验区之一。2021年1月，江北区教育局在浙江省区域和学校整体推进智慧教育综合试点第一轮试点成果鉴定中合格。截至目前，区域共形成近30篇由支援校和受援校的老师撰写的、各具特色的同步教学论文案例，已计划出版区域建设经验书籍。

五、反思展望：指向内涵发展的同步课堂价值追求

近三年的实践探索，基本完善了区域同步课堂的运行机制，但同时也明确了有待深入研究与重点突破的两大课题。一是进一步完善同步课堂培训课程架构。从课程内容的规划与建设、课程前期的联结与互动、课程实施的方法与策略、课程价值的评量与反馈四个维度出发，不断丰厚与细化培训机制的内涵。二是构建同步课堂课程的建设机制，坚持平等互利、内容备案、过程可控、效果可评的建设原则，将研究视角从战略层面延伸至微观领域，充分发挥结对校师生的主动性，在价值认同的课程中实现意义建构，促进学习的真实发生，提升课程的存在感，将以教育均衡为目标的城乡同步课堂的实施价值真正体现在课堂上。

参考文献：

［1］李淑玲，先维强．利用"区域化同步课堂"系统开展教育精准扶贫——以四川省泸州市纳溪区为例［J］．教育与装备研究，2018,34（12）：30-33.

［2］郭炯，杨丽勤．协同与交互视角下的同步课堂：本质、困境及破解路

径[J].中国电化教育,2020（9）：89-95.

[3]冉新义.农村小规模学校"互联网+同步课堂"教学模式研究[J].教育探索,2016（11）：35-39.

[4]姚亚杰.国内同步课堂文献综述[J].开放学习研究,2019,24（04）：41-45+53.

[5]王觅,文欣远,陈焕东,龙海侠.基于知识图谱的同步课堂研究现状与趋势可视化分析[J].中国教育信息化,2020（11）：12-18.

[6]魏雪峰,杨俊锋.同步网络课堂的理念、应用及未来发展[J].中国电化教育,2014（09）：93-99.

"互联网+教育共同体"中课程协同建设的实践研究

宁波市惠贞书院　郑颖

一、研究背景及问题的提出

当前,信息及网络技术对教育的革命性影响正日益显现。我国在借助"互联网+"思维与技术的基础上,创新协同机制,集中优质资源,积极投入"互联网+教育共同体"的实践,以推动教育的优质均衡发展。

教育界最早提出"共同体"概念的是博耶尔(Ernest L. Boyer)。他于1995年在题为《基础学校:学习的共同体》的报告中阐明了"共同体"是人们在共同条件下结成的集体,强调人与人之间所形成的亲密关系和共同的精神意识,表现为直接自愿的、和睦共处的一种平等互助关系。而"教育共同体"则是基于一致的教育信仰,为了共同的教育目标,在培养人的社会实践活动中形成的有责任感的个体联合。

互联网构建了新的教育信息传播通道,也为教育共同体的运行创设了新的实践空间。2019年,浙江省启动"互联网+义务教育"工程,开始了城乡学校结对帮扶的探索。在此背景下,宁波市江北区以惠贞书院作为核心校，与同区的修人学校、灵峰学校组建了基于互联网的教育共同体，旨在发挥核心校对成员校的引领、指导和帮扶作用，实现以城带乡、以优扶弱，以达成教育资源优质均衡和学校共同发展的愿景。

课程是育人的重要载体，也是学校育人体系的核心元素。在"互联网＋教育共同体"的实践中，我们也将课程协同建设作为共同体运行的主线之一，将教学研究与教师专业发展的校际交流与协同探索融入其中，较好地实现了结对帮扶的目标。

二、"互联网＋教育共同体"课程协同建设的原则

将课程作为教育共同体运行的实施载体，在实践中还存在一些争论。首先，课程建设应关注核心校的资源共享，还是双方共同建设？其次，各校生源不同，学生学习能力差异较大，如何在课程目标的设定上加以平衡？再次，教育共同体作为非正式组织，在课程建设上如何整合与动员所有成员学校教师的深度投入、优势互补？针对这些问题，共同体召开多次联席会议，并在江北区教研室的指导下，设定了以下课程建设原则。

（一）融合性原则

教育共同体中的课程协同建设不应理解为仅在课程，特别是限于课程资源层面的合作，而是要将其理解为教育共同体的实践空间与实施载体的合作。也就是说，除了在课程内容、教学资源等物化形态合作的基础之上，需要结合课程应用与教学实施，融合教学研讨、课题研究等多种共同体活动，创设共同体实践场景，促进不同学校之间教育思想、教学策略、校园文化的交汇与融合。

（二）发展性原则

共同体内协同建设的课程，应当致力于兼顾所有成员学校学生的发展

水平,而不是单方面地关注薄弱学校的学生发展。一方面,需要将各校课程体系中共同的、学生差异不明显的主题作为优先建设的课程主题;另一方面,对于部分学校教学体系中的核心课程,如果学生呈现出比较明显的差异,则针对不同层次的学生在课程资源与学习路径上加以分别设计,以满足不同学校、不同层次学生的学习需求。

(三)个性化原则

教育共同体虽然强调以城带乡、以优扶弱,但每所学校都有自己的特色学科、优势课程,也有各自的育人思想与校园文化。因此,共同体中的课程协同建设应该统中有分,考虑每所学校的发展与需求,积极发挥各校自身的人才和学科资源优势。在结对帮扶的总体框架下,孵化每所学校独特的课程体系与教育文化。

三、"互联网 + 教育共同体"中课程协同建设与应用策略

(一)携手共建,发扬特色,规划共建课程体系

根据系统论和协同学的观点,共同体中各成员校只有知己知彼、优势互补,才可以形成最大合力。在课程共建上,需要开展充分调研,把握每所学校的优势、需求及应用条件,并互相整合,扬长补短,提高联盟课程建设的契合度。

为此,共同体由核心校牵头,成立课程建设领导小组,领导小组由三校校长任组长,负责组织领导、统筹安排课程建设各项工作;分管校长为副组长,负责课程协同建设全面规划与督查课程实施的全过程;学校德育处、教务处、年级组、教研组负责人组成课程建设组。

之后,课程领导小组组织召开前期筹备会议。会议对各校可以向联盟校输出的优势学科及特色项目进行了梳理。之后,经过协商论证,在保障国

家课程规范实施的基础上,确立在"互联网+"背景下的特色课程项目,并就课程策划、实施应用的具体操作及可能会遇到的疑难问题进行研讨,协同确定课程开设具体方案,逐步形成既凸显三校办学特色,又满足各校需求,且助力教师专业发展的课程建设规划以及实施细则。

(二)融城带乡,多方联动,创新课程实施途径

课程发挥作用,关键看实施。本研究基于"互联网+"背景下的教共体课程实施策划方案进行深入探讨,总结了以下课程实施模式。

1. 以实施国家课程为主的线上"1+N"或"0+N"模式

这里的"N"指的是共同体内其他参与学校的授课班级数。"1+N"指的是教师授课时,所在学校也有1个班级参与,即以同步课堂的方式开展实施。"0+N"则相应表示授课学校无班级参与,而是以专递课堂的形式面向其他成员学校授课。惠贞书院教学资源丰富,师资力量雄厚,学生学业水平名列前茅,是一所优质学校。而修人学校和灵峰学校坐落于较偏远的农村,优质教师资源缺乏,学生的学业水平、学习能力相对较低。故在实施中主要以惠贞书院为授课学校,应用"1+N"和"0+N"模式。其中,"1+N"模式主要应用于低年级学科教学,而"0+N"模式因各校教学进度不一,所以主要面向高年级。

2. 以校本特色课程为主的线上"N+N"模式

该模式主要以某所成员校基于自身的特色课程,在各成员校中开展异步课程学习。这一模式无须在固定时间开展教学,只需推出网络课程并组织学生定期完成学习任务。另外,开课教师也会适时组织选课学生开展线上交流,定期开展线上评估,以检验学习效果。特色课程的组织面、受众面更广,为学生的个性发展和全面发展提供了重要支撑,同时在实施上也得以发挥各校的优势与特色,实现共同体内各校之间的资源共享。例如,惠贞书院将运行了二十余年的"阅读圆梦"和"趣味英语"优质课程共享给修人学校

和灵峰学校,使两校学生得以共享惠贞书院长期教研积淀形成的优质资源。

3. 以德育课程为主线的"线上+线下"模式

在德育课程的共建共享上,共同体采用了"线上+线下"的模式。一方面,借助成员校各自优势,通过同步策划,组织各校学生开展德育"线上+线下"的活动,使各校学生感受到不一样的校园文化与活动体验;另一方面,也可以将原本仅在线上开展的同步课堂拓展到线下,将线上教学存在的距离感通过线下活动给予补足,进一步激发课堂活力,实现学生之间的心灵零距离。在这一模式的实施上,共同体中各校可依据自身办学特色、文化积淀和德育亮点,挖掘主题开设课程,由其他学校共同参与。例如,以修人学校领衔的劳动德育课程,三校学生通过线上互动交流,线下实地劳作,既获得了实践知识,又与线上伙伴真实结对互助。这一课程在增强教师专业技能的同时,也将线上的虚拟友谊落地生根,实现知行相融、学做合一。

(三)健全组织,引领成长,完善服务保障机制

要确保共同体中课程建设的有效性,除了统筹规划与设计,也需要对课程的运行体系、保障机制等进行统筹部署。

1. 组织保障

为保障课程建设的顺利开展及有效实施,共同体成立了课程建设领导小组作为课程建设的核心,统筹安排,组织协调设备利用、过程推进、实施指导、检查管理等工作。为发挥领导小组的作用,共同体也建立了常态的研讨机制并开展了领导力提升培训,以确保团队中的每个成员目标一致,行动有力。在课程建设过程中,领导小组中来自不同学校的老师,站在不同的角度表达了对课程建设的理解与建议,在课程建设过程中诊断把脉、献言献策,并找到课程实施的适切方法,建立起共同体课程协同建设的运行体系。

2. 制度保障

为保证共同体课程协同建设的顺利运行,也需要完善各项规章制度。

为此,领导小组根据各成员校的实际情况制定了课程协同建设管理制度,对责任主体的角色定位、任务承担、培训进修、教育教学研究成果实施及评价、经费保障等做出了明确的规定。同时,在实施过程中,依据这些制度加强对课程建设及实施应用的督导与管理,把效能性管理与过程性管理相结合,保证课程建设计划的切实落实,实现课程建设的规范化、标准化、制度化。

3. 技术保障

互联网是本次研究中各成员校沟通的重要渠道,同时也是课程协同建设与应用实施的重要载体。为确保课程建设与应用的成效,领导小组也十分关注技术保障工作,并为此组建了技术人员团队,由其根据建设过程中的技术需求,结合课程建设阶段特点和课程特点,探索形成技术支持服务策略,同时为课程建设与实施过程中所遇的技术困难提供相对应的帮助和支持,为本项目的实施提供了技术支撑。

四、结语

"互联网+教育共同体"构建了一种双向输出的互助共赢型组织形式,促进了优质教育资源的共建共享,也在很大程度上对成员校、教师、学生的发展起到了推动作用。

在本项目实施过程中,各成员校为学生创造了更开放的教育环境,使学生获得多方面的教育资源,也为学生的观点表达与相互交流创设了更宽广的空间,促进了学生的主动学习,推动了学生的整体发展。

与此同时,成员校之间教师研修协同也日益频繁,逐步形成了共享、互补、融合的研修氛围,较好地提升了教师的专业水平。而伴随着这些研修活动的开展,共同体内的教育资源实现了互通互融,在输出与输入的同时,一方面将学校特色项目锤炼得更加坚实,另一方面使各成员学校逐步缩小差距,激发教育创新,推动教育的均衡发展。

参考文献:

[1]刘云,赵博文,王昊欣,刘憬遐."互联网+"背景下教师教育课程开发与建设研究[J].普洱学院学报,2020,36(06):88-90.

[2]周彬.学校课程治理:内涵、路径与保障[J].全球教育展望,2021,50(02):3-13.

"互联网+"背景下城乡校际协作路径的探索与实践

宁波市江北区外国语艺术学校　田静

一、研究背景及问题的提出

当前,互联网正成为我国构建教育资源开放共享、均衡优质发展模式的重要载体。2019年3月,浙江省启动"互联网+义务教育"千校结对工程,并将其纳入省政府年度民生实事。"互联网+义务教育"旨在联合城乡学校构建教育共同体,依托互联网扩大优质教育资源共享,创新中小学校结对帮扶机制,在校际协作中探索促进乡村学校办学品质提升与师生发展的路径。

在推进城乡结对帮扶的过程中,我们逐步发现结对校之间差距缩小的同时也呈现出趋同性现象,缺乏各美其美的多样化发展。究其原因,首先是过于强化共同体中的"帮扶"关系,将两校的关系固化为单向输出与被动接受,忽视乡村学校发展中自主性的发挥;其次是在共同体建设过程中,往往侧重于同步课堂、同步教研,极少涉及其他领域的协作,窄化了国家对帮扶工作的要求。

"互联网＋义务教育"是一种全新的教育组织形态,要求我们系统思考,梳理包括支援校、受援校在内的元素及其关系,在组织、实施、管理、保障等方面构建信息技术支持下的校际协作联动机制,突破城乡结对异质学校协作交流的壁垒,全方位、系统性地推进城乡帮扶结对工作,在每一所学校共同发展的基础上实现区域教育的均衡发展。

本文基于宁波市江北区"互联网＋义务教育"实施学校江北区外国语艺术学校、裘市小学、姚江书院借助互联网构建学校联盟,探索协同发展模式的实践,介绍城乡学校校际协作的方法与路径。

二、城乡校际协作联盟构建

(一)城乡校际协作的原则

校际协作重在"协",即单元内的所有个体基于共同目标努力协作,创造出比单一个体累加更大的绩效。为此,在发展规划与目标上,本研究中构建的校际协作联盟以"校本优势、独立办学、资源统整、各显特色、整体提升"为原则来确定重点协作的领域和目标。

首先是拓展协作领域,即将盟校协作领域从原来单纯的教学领域拓展到德育、人事、后勤等学校管理的各个领域。

其次是创新协作形式。在组织方式上,既鼓励所有盟校共同参与,也鼓励盟校间,甚至各校教研组等群体间的一对一协作。

最后是约定协作过程中尊重学校差异和发展样态,认为"差异是一种资源和发展样态"。校际协作要求每所盟校扬长显优,挖掘各自的优势与特点,让每所学校丰富内涵、提升品质、彰显特色。

(二)组织架构与规划

本研究构建的校际协作联盟中,各盟校均有独立法人,不存在从属关系,但是以官方正式发文的方式确立了协作关系以保障联盟的运行,同时构建了"平衡矩阵型"的组织架构(图1)。

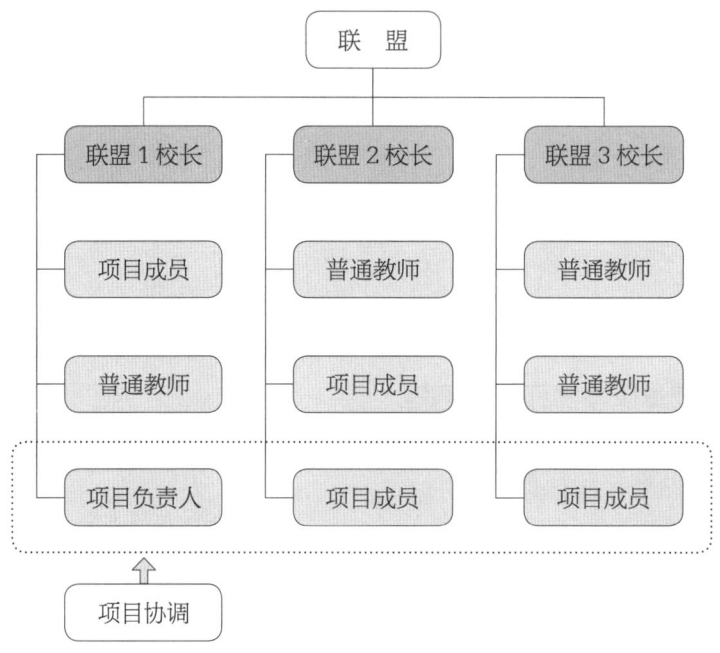

图1 联盟组织结构图

其中,各盟校均由各校校长作为联系人,每学期初,三校校长组织召开联席会议,会同学校师训、教研等科室负责人,联合研制联盟的活动方案。在具体的活动开展时,联盟则采用工作小组制,即由参与该活动的各校教师联合组建项目团队,并指派专人负责。这种校长亲自领衔、纵横交叉的组织架构既为联盟的活动开展提供了组织保障,同时为各校扬长避短、资源整合创设了民主自由的氛围。

除此之外,联盟也强化了运行制度的建设,制定了《双线会议制度》《共同体教研主题研讨制度》《教研计划审核制度》等。这些制度以契约的形式,保障了资源、技术、信息等在校际协作中的顺畅交流与共享。

三、城乡校际协作的运行

在城乡校际协作的运行上,依据联盟的发展规划,以资源共享、项目驱动的思路,围绕学校管理中的各个领域开展了校际协作的实践。

(一)资源整合,凝聚合力

"互联网+义务教育"的重要内容是促成教育资源的共享,这也成为联盟在校际协作中开展的重要工作内容。这里所指的资源,泛指各校在教育、教学工作推进中可以利用的物力、财力、人力等的总称,包括师资、课程、设备设施等。实践中,资源的聚合与共享主要通过以下几个途径实现。

1. 优质师资共用

优质师资是学校教育事业发展的重要推动力量,也是名校之所以有名的主要因素。为了发挥优秀教师对各校教育事业的引领与带动作用,联盟挖掘了盟校内现有的名优教师资源,包括外聘专家,并打破校际壁垒,以学科组为单位"抱团",借助名优教师的辐射力度和向度,实现"人尽其才,才尽其用"。

同时,由于部分学校长期存在师资短缺的现象,尤其是音乐、体育、美术、书法等科目紧缺专任教师,联盟在成立之时就建立了通过"换岗""借岗"等方式实现师资的双向流动的制度,在现行编制不变的前提下,最大程度缓解了师资短缺的问题。这一举措以更灵活的方式配置了教师资源,解决了盟校间课程开设的问题,扩大了优质资源的共享范围,深受学校、教师、学生家长的欢迎。

2. 数字化课程资源的共建共享

课程是学校承担育人职能的重要载体,联盟同样在校际协作中进行了课程资源共同建设与应用的探索。首先是系统梳理学校原有特色课程,将其中有良好基础、有共同需求的课程升级为数字化联盟课程,供各盟校共同使用，使优质课程打破城乡界限，为盟校学生提供更多的教育可能性，为课程赋能增值。

除了课程，包括课件、教案等在内的数字资源库共建则是联盟在促进资源共享中的另一典型实践。联盟建立了面向所有盟校的数字资源库，定期组织项目小组，遴选教育实践中产生的优质资源，包括教学设计、分层作业、德育材料、外聘专家等，归档在云端，由此形成了资源随时更新、人人使用、协作共进的建设氛围。

3. 物理空间与设施设备的共用

此外，盟校之间也建立了物理空间与设施设备共享的机制。盟校成员间，实验器材、体育器材、图书资料、文化活动场馆以及开展教育教学活动所需的消耗物资和低值易耗品等硬件，均可以通过互联网平台预约并流通共用，提高了设施设备，包括教学软件的利用率。

（二）项目驱动，以活动为载体

在运行方式上，联盟遴选各校的共同需求，设计专题项目，以项目内的各种专题活动作为载体，借助项目的实施来提炼成功经验，同时达成提升教育工作成效与培养师资的目的。

在项目的实施上，联盟协调小组事先依据协作框架，梳理每学期各校的发展需求，然后确定协作项目，并组建由各校相关教师构成的项目团队。项目立项后，项目团队在负责人的指导下，设计具体的项目实施方案，依序推进。接着，协调小组组织对项目绩效的评估，必要时，也会邀请第三方专家参与评估工作。最终，各项目团队提炼优秀成果，在盟校内或区域内进行推广应用。

以"有教养"这一德育内容为例，在协调小组将其确定为盟校的协作项目后，由三校的德育团队教师构成的共同体细化任务，制定项目推进方案，开展研究与实践，最终将形成的德育课程逐步推广到各盟校，让盟校在学生行规教育中少走弯路,并以此为载体,培养教师的德育能力。

(三)绩效评估,质量保障

为确保校际协作的质量,联盟也高度重视绩效的评估工作。联盟组建了评估团队,主要负责评价校际协作项目及活动绩效。在评估团队的构成上,采用了固定成员与临时成员分类组建的方式。固定成员是评估团队的核心,由各盟校的分管领导以及骨干教师组成,主要负责对校际协作总体绩效做定期的评估,同时也承担对各盟校学生学业水平以及教师专业能力的评估职能。此处的学业水平评估并不简单针对测试成绩,而是针对特定学生群体的某一学业能力展开综合评价,目的是提升教育质量。如联盟针对四年级学生组织的阅读能力评估活动,综合运用即时反馈及诊断系统,结合平时作业与测验,对各盟校实施了同一标准的评估,并依据数据诊断,将需要学业补救的学生根据需求或家庭背景等分组指导,由盟校内的老师分别承担指导工作,如提升识字能力的"牛年识字打卡群"、以留守儿童为主要对象的"守望相助学习群"等。

涉及项目与活动的绩效评价,则往往采用固定成员与临时成员相结合的方式。临时成员既包括盟校内与项目主题相关的骨干教师,有时也会包括因评估工作需要的外聘专家,如从区域管理部门、高校、科研院所等短期聘请的专业人员。

三、成效与反思

本实践以系统视角,对"互联网+"背景下学校联盟的构建与校际协作的实施进行了整体化设计。该设计整合了盟校内的各种教育资源,扬长避短,统筹规划,充分发挥"盟"校的力量,为教师提供有层次性和多样性的专业成长平台,创设了在项目实践中专业发展的氛围,提升了盟校内教师的专业能力。

与此同时,各校在联盟的协作框架下,在挖掘优质教育资源的应用潜力的基础上,发挥学校之间的"共振效应",抱团优势初步显现,提升了各校的教育教学工作成效,实现了每所学校"优质均衡、富有特色、充满生机、和谐有序"的发展格局。各校间共享、互通、共荣,消弭了学校之间的隔阂,加快了优质教育成果和文化品牌的形成和推广,为周边结对校的进一步破壁、交流、协作提供样本,为学校集群化治理提供了新路径。

参考文献:

[1]邓仕民.学区共同体:共享核心经验与核心资源[J].人民教育,2020(01):70-73.

[2]李刚.更为精准地推进城乡义务教育公平发展[J].人民教育,2020(20):31-34.

[3]周彬.学校集群发展:理论突破与实践选择[J].教育学报,2019,15(04):43-50.

[4]易国栋.城乡同堂,携手成长——全日制远程直播教学带来的启示与思考[J].人民教育,2020(08):72-73.

[5]尹祖荣,王勇军.目标-规约-激励:优化学校运行机制的策略选择[J].中小学管理,2021(01):43-44.

[6]王刚.推动优质教育资源供给再升级[J].人民教育,2020(20):35-37.

2 CHAPTER TWO
"互联网+"支持教学创新

"互联网+同步课堂"中教师课堂管理行为现状调查

宁波市修人学校　朱优优

一、研究背景及问题的提出

促进城乡义务教育均衡发展一直是当今重点关注的话题,而"互联网+教育"时代的到来,促进了教育优质均衡发展。2019年,李克强总理在全国两会所做的政府工作报告中提出,以互联网为技术支撑,借助互联网丰富的教育资源,发挥其开放、共享、协作的优势,打破时间、空间的阻隔,促进城乡师生交流,整合和共享优质教育资源。"互联网+同步课堂"就是实现优质教育资源共享的重要形式,但在实施同步课堂的过程中也不可避免地出现了一些问题。

"互联网+同步课堂"与传统课堂相比,有许多不同的理念与模式,这给课堂教学管理带来了新的挑战。其一,执教教师要面临一对三的课堂管理模式,这给支援方教师的课堂管理带来了严峻的考验;其二,由于受援方的学生与执教教师处于异地,对师生关系以及生生关系的处理也带来了很大的考验;其三,支援方学生与受援方学生的差异,给支援方教师的课堂教学设计与课堂调控造成了一定的困难。由于各种因素的影响,"互联网+同步课堂"对教师课堂管理能力提出了更高的要求。

本研究中的"同步课堂"是指在远程开放教育理论的指导下,通过网络视音频技术,将中心学校优秀教师的课堂教学活动及教师采用的课件等画面同步传送到小规模学校,小规模学校的班级画面也同步传送到中心学校,从而实现中心学校与小规模学校实时同步互动教学。课堂管理行为是指教师的课堂行为,主要包括课堂物理环境管理、课堂规则和教学常规管理、课堂氛围管理、课堂师生关系的管理和问题行为的处理五个方面。

二、研究过程

(一)研究内容和工具

本研究主要采取自编问卷的方法,来了解"互联网+同步课堂"中教师课堂管理行为的现状。综合参考国内外相关文献,选用李克特(Likert)五点量表法编制问卷,表中的"很不符合"为1分,"非常符合"为5分。教师问卷包含课堂物理环境管理、课堂规则和教学常规管理、课堂氛围管理、课堂师生关系的管理和问题行为的处理五方面内容,共24道题项;学生问卷包含课堂物理环境管理、课堂规则和教学常规管理、课堂氛围管理和课堂师生关系的管理四方面内容,共24道题项。具体可参考表1问卷维度说明表。

表1 问卷维度说明表

维 度	教师问卷题项	学生问卷题项
课堂物理环境管理	1、8、9	7、8、9、10、11
课堂规则和教学常规管理	3、4、6、14、15、22、24	1、2、12、14、15、19
课堂氛围管理	5、17、18、19、20、21	3、4、5、20、21、22、23
课堂师生关系的管理	2、7、11、12、13、23	6、13、16、17、18、24
问题行为的处理	10、16	/

问卷编制完成之后,研究者开始进行试测,去除重复问卷、数据缺失等无效问卷,最终有效问卷回收率为 93.7%。接着,利用 SPSS17.0 软件对最终所得数据的内部一致性进行分析,Cronbach's Alpha 系数在 0-1 之间数值越大代表量表信度越高。教师问卷的 Cronbach's Alpha 系数为 0.857。学生问卷的 Cronbach's Alpha 系数为 0.962。两份问卷的信度比较好,整个量表比较理想。在此问卷的基础上,针对数据分析结果,对部分教师进行访谈以更全面解释问题出现的原因。

三、结果与讨论

(一)同步课堂中课堂管理现状

1. 硬件设施齐全,但有待升级与维护

在"互联网 + 同步课堂"的教学模式下,课堂物理环境对教与学影响较大的是网络和一些硬件设备,比如摄像机、电子白板等。通过调查发现,92.53% 的学生认为在同步课堂中电脑运行良好,94.39% 的学生能清楚地听到对方老师与学生的声音,95.32% 的学生能清晰地看到投屏上的课件内容,这表明硬件设施已达到基本要求。方差分析结果表明 p 值大于 0.05,即课堂物理环境对于远近端学生的影响无明显差异。通过对教师与学生的访谈了解到,目前同步课堂仍存在网络卡顿以及收音效果不佳的问题。虽有技术人员支持,但一旦出现问题,影响课堂教学效果是必然的。

2. 双方课堂纪律维持均存在困难

教师调查问卷显示,教师在同步课堂前都会向两端学生说明课堂纪律与规则,主讲教师在课上提出问题时都有明确的要求与指令,在教学常规管理上也做得很到位。虽然教师在课堂管理方面很重视,但学生调查问卷结果显示只有 54.2% 的学生能很好地遵守纪律,听从老师指挥。通过访谈了解

到同步课堂开展前期的确经常出现课堂无法安静的情况,学生注意力非常容易分散。随着时间的推移,这种现象已有所改善,但仍旧存在少量注意力涣散的现象。受援方教师作为辅助教师还能够及时通过言语提醒,但支援方教师由于是主讲教师,有时要兼顾课堂教学效果,对课堂纪律的维持就有所减弱。

3. 课堂教学氛围活跃,但互动方式单一,缺乏深刻性

从问卷调查与访谈中可以发现,98.13%的学生都非常喜欢和期待同步课堂这种新颖的教学方式,课堂教学氛围非常活跃,学生能够接触不同的老师与同学,使其课堂参与的积极性有了很大提升。但由于同步课堂开展时间较短,目前主要授课方式还是教师主讲,师生交互方式仅限于问答,深度交互性不够,且会存在主讲教师与两地学生互动频次不均衡的问题。不同学校之间的生生互动几乎为零。

4. 双方教师默契配合解决学生的问题行为

问题行为是指在教学课堂之中出现的,消极作用于课堂教学效率的、扰乱课堂教学顺利开展的、打乱课堂秩序的、违反课堂常规的所有人(包括教师和学生)的行为。同步课堂中比较常见的问题行为是不认真听讲、开小差、没有及时参与课堂活动、仪器设备出现故障之后的骚动等。通过教师访谈了解到支援方教师与受援方教师在课堂开始前是做好协同分工的,有专门维持纪律、解决突发问题的教师,一般都能协调并处理好问题。

(二)"互联网+同步课堂"中课堂管理存在问题的原因

1. 异地课堂临场感弱

同步课堂虽然在技术上实现了互动的无延迟传送,但师生基于屏幕影像的交际无法等同于面对面的交流,加之技术和设备有待完善,同步课堂无法创造临场感。受援方学生对支援方教师较为陌生,信任感和敬畏感有待提升。主讲教师也不能及时地通过屏幕捕捉到学生的反应并即时反馈,最终大大降低受援方学生课堂真实体验感。个体学习投入度是影响学业成就的重要因素,同步课堂开展初期,学生大多会对这一新鲜事物表现出好奇等积极情感,从而不自觉地加深投入程度。但随着时间的推移,学生开始经历"疲劳期",兴趣有所下降。

2. 两端学生差异明显

城乡学校教育质量存在客观差距,同步课堂学生水平更是参差不齐。在有限的教学时间里,支援方教师往往无法顾及所有层次学生的学习要求,造成支援方学生"吃不饱"、受援方学生"吃不着"的现象。当教学的基本任务无法完成时,教师也无心关注多样化的教学方式以及良好的体验等其他因素,同步课堂的效果大打折扣,学生难以获得良好的课堂体验。

另外,由于同步课堂人数较多,支援方教师精力有限,往往难以兼顾三个不同状态的课堂。无论是教学内容,还是教学方法,支援方教师通常都会潜意识地以更为熟悉的近端课堂学生为主,致使异地课堂学生陷入"被边缘化"的不良境地,影响其学习的积极性。通过屏幕的互动,师生交流缺乏真实感。在这样的情况下,如若受援方教师再不注意引导学生表现自我,受援方学生不主动交流协作,会更影响同步课堂的教学效果。课堂尚且如此,课后的师生沟通更可谓寥寥无几。尤其是面对受援方学生在同步课堂中感受到的落差感等一系列心理状态,无论是支援方教师,还是受援方教师,都很少关注。

3. 技术限制影响课堂

信息技术的发展促成了同步课堂的实现,其局限也成了同步课堂举步维艰的桎梏。首先,生生互动是课堂教学中必不可少的活动,然而目前技术还不足以支撑三地学生之间进行有效沟通,这意味着同步课堂中的三地学生之间仍然处于"割裂"状态;其次,仅就师生交流来看,虽然同步课堂能够满足支援方教师与受援方学生的互动需求,但支援方教师的"课堂活动区域"却被限制在镜头可及范围之内,稍有不慎,受援方课堂的学生就无法"追寻"到教师;最后,同步课堂的设备镜头往往拍摄远景,缺少近距离的形象呈现,影响课堂参与者对于细节的捕捉,尤其是对支援方教师而言,难以通过观察学生的细微表情和动作及时把握课堂情况。

四、建议

(一)基于城乡学生差异统筹教学安排

同步课堂涉及本地、异地双方课堂,双方教师应在课堂开始前充分了解双方学生的认知水平和认知风格,根据城乡学生差异制定教学计划,调整教学进度和教学安排。支援方教师和受援方教师还应开展研讨会,共同备课,根据学情分析设计教学活动,一同分析教学重难点以及教学策略,分工制作教学资源,互相学习,在缩短城乡学生差异的同时促进教师的专业发展,共同进步。

(二)双方教师密切协同有序组织教学活动

课前双方教师针对学情展开讨论并设计适合学生的教学活动与课上教师的实时组织、监督与引导是同步课堂成功开展的必要条件。受援方教师一定要发挥自己的主观能动性,开展适时、适当的辅助工作,不仅要注重在学习行为上与支援方学生保持一致和同步,还应该注重学生思维活动上的跟进,对于有困难的任务要进行积极指导。如在各班开展小组讨论活动时,两端教师根据班级情况,各自带领班级开展讨论并组织小组汇报,节省课堂时间,提高课堂效率。支援方教师也应全面了解受援方学生的情况,与受援方教师精诚合作,传递理念与方法,授人以鱼不如授人以渔,线上线下相结合,打造三校学习共同体。

(三)加强交互调动学生课堂学习积极性与参与度

调动学生课堂学习积极性与参与度离不开教师设计的交互活动,包括师生交互与生生交互。同步课堂异地同步上课的特性对这两类交互提出了更高要求,因此教师们一定要在备课环节做好教学活动的设计,利用学生的认知心理特点,多设计师生与生生交互活动。比如开展项目式学习,两端课堂都可以根据自身的情况采取分组形式,针对同一任务开展小组活动,最后进行小组展示,培养学生的团队意识,两端学生也能在竞争中共同进步。不适合项目教学的课堂,一方面可以设置答疑环节,学生提问学生回答,促进两端学生之间的交互;另一方面,可以从常规活动,比如课堂测验、课堂纪律等方面入手,交叉合作组成小组进行比赛,增进两端学生感情的同时也能够维持课堂纪律,提升课堂教学效果。

交互活动也不仅仅局限于课堂。对同步课堂来说,课后的师生、生生交互也是至关重要的一环,可以更好地促进课堂融合。虽然是同步异地上课,但支援方教师和受援方教师除了通过利用网络、社交媒体交流教学经验、学生的学习情况等内容,同样也可以在教学计划中增加实地交流的环节,开展形式多样的交流活动,促进两端师生的情感交流。

一种新型教学方式的广泛应用离不开日积月累的打磨与改进,同步课堂的课堂管理也不仅靠两端教师完成,需要学校、政府、社会等多方面的支持与配合,从技术支持、资金投入、经验交流等多角度一同推进同步课堂的教学管理,提高教师的教学技能和学生的学习效率。

参考文献:

[1]李克强. 政府工作报告——2015年3月5日在第十二届全国人民代表大会第三次会议上[R/OL]. (2015-03-16) [2021-09-12]. http://www.gov.cn/premier/2015-03/16/content_2835101.htm.

[2]卡洛琳·M. 埃弗森. 小学教师课堂管理(第8版)[M]. 王本陆, 赵靖, 译. 重庆:重庆大学出版社, 2014:25.

[3]金泓.垄上数字学校:同步互动混合课堂教学组织管理实践研究[D].武汉:华中师范大学,2018.

[4]陈时见.课堂管理论[M].桂林:广西师范大学出版社,2002:193.

[5]常咏梅,张乐,李玥琪,李华.同步直播课堂远端教师助学策略研究[J].电化教育研究,2020,41(11):116-121+128.

[6]邵光华,魏侨,冷莹.同步课堂:实践意义、现存问题及解决对策[J].课程·教材·教法,2020,40(10):70-76.

[7]孙金梅,王雅楠.浅谈翻转课堂给高校教学管理带来的挑战[J].才智,2019(29):82.

[8]姚亚杰.国内同步课堂文献综述[J].开放学习研究,2019,24(04):41-45+53.

同步课堂环境中智慧教学的设计与实施

宁波市江北区新城外国语学校　汪慧慧
浙江师范大学教师教育学院　罗晔

一、研究背景及问题的提出

（一）互联网成为实现教育公平的新途径

教育公平是社会公平的重要内容之一。近年来，振兴乡村教育、推进教育公平均衡发展成为我国教育事业发展中的重要工作。而互联网因其在资源共享与信息通信上的跨时空特征，也成为我国探索教育公平途径的新阵地。为此，国家发布多项文件明确指出要引入"平台＋教育"服务模式，整合教育资源共享平台来推动优质资源共享，实现义务教育均衡发展。在此背景下，浙江省实施"互联网＋义务教育"工程，借助同步与异步通信技术，探索互联网环境下教育均衡优质发展的模式。

在"互联网＋义务教育"的应用形态中，同步课堂是其中应用最广泛的一种。同步课堂是一种借助同步网络通信技术连接两个或多个教室，教师借此向位于不同地理位置的学生进行实时授课的一种课堂形式。实施同步课堂，可使乡村、海岛等地教育薄弱的学校得以共享优质教育资源，但当前同步课堂也有不少实施困难。比较突出的是同步课堂中的学生人数较多，且城乡学生差异更大，分布更复杂，使得教师在执教时较难精确掌握学情并"因材施教"，无法促进学生深度学习、深度参与课堂，导致了同步课堂的教学质量下降。

借助智慧教育系统，实施智慧教学则可以在同步课堂中动态追踪、获取与分析学生数据，针对每个学生提供即时、多维的评价反馈，帮助教师精确把握学情，开展教学。更重要的是，这一技术化的策略应用，提升了课堂互动的效率，扩大了覆盖面，缓解了班级规模的限制。

（二）智慧教学的核心特征

当前对于智慧课堂尚无一致的定义，但通常智慧课堂指的是借助即时反馈、学习数据分析、学习资源个性化推送等技术系统，收集学情数据，为教师提供包括教学资源推送、教学建议等智慧决策的一种课堂组织形态。一般来说，智慧教学具有以下特点。

教学决策数据化。传统课堂中，教师主要依赖经验进行决策，在智慧教学环境下，因为已经收集了学生课堂应答、测评等数据，可以借助学习者画像等技术对学生学习风格与学情进行精准诊断，为教学决策提供支持。

评价反馈即时化。借助即时反馈系统等，智慧教学系统可以破除传统教学中师生比的限制，使得教师即时获取所有学生的随堂测评数据成为可能。这种即时反馈的特性，不仅有利于教师后续的教学行为选择，同时也强化了学生学习的效果，并激励其动机。

交流互动立体化。在实施智慧教学的过程中，当学生也拥有智慧终端时，这些设备同时也成为一种交流的载体，使得师生与生生互动得以开辟一个以技术为中介的通道，使得交流互动更加立体、全面。

资源推送智能化。智慧教学系统因为已经收集了学情与学习风格数据，所以可以借助特定的学生模型，实现资源的智能化推送。这对于在自主学习情境下,学生知识结构的诊断与弥补十分有效。

二、同步课堂环境中智慧教学的实施

以下结合宁波市江北区的实践,介绍在城乡同步课堂中应用智慧教学系统,实施智慧教学的程序与策略。

(一)课前学情分析

智慧教学的核心在于以学生学情数据来驱动教学决策。为了使教学设计能更加精准地适配学生的需求,可以通过预习任务与前测的方式来进行学情的诊断。在同步课堂中,部分学生因分布在其他学校,教师对其较为生疏,借助这种开展前置学习方式调研学情的方法可以扬长避短。

在本实践中,通常会由主讲教师与辅助教师联合开展教学设计,在这一过程中会将学生已有的测评与作业作为依据,设定总体教学目标。在此基础上利用网络资源布置预习作业,主要的策略是通过平台推送预习任务,例如课文跟读任务、微课视频等,学生在平台中完成作业。借助对这些作业的分析,教师得以了解学生课前学习情况及预习效果,以便更有针对性地开展教学,或者在实施前对教学方案进行必要的调整。在此阶段,技术平台的选择主要视预习任务而定,通常的微课学习一般采用微信公众号推送,而像朗读任务则采用类似"松鼠Ai"的专用教学平台,以便借助其智能评分功能提高预习任务评价的效率。

(二)课中实时互动,交互教学

同步课堂中学生数量较大,以传统的方式开展教学互动,学生覆盖面较小。加上受援方学生与主讲教师只能通过视频方式互动,因此互动效果较受限制。在本实践中,教师使用即时反馈系统,让本地教室与远端教室的学生均加入同一个虚拟班级。这样,所有学生均可以通过遥控答题或抢答活动,不仅可以实现全员互动,同时也能让互动以及数据反馈更加即时、高效。

这有利于学生即时强化所学知识,也帮助教师借助系统的实时统计功能更全面地了解学生的课堂学习情况(如图1)。

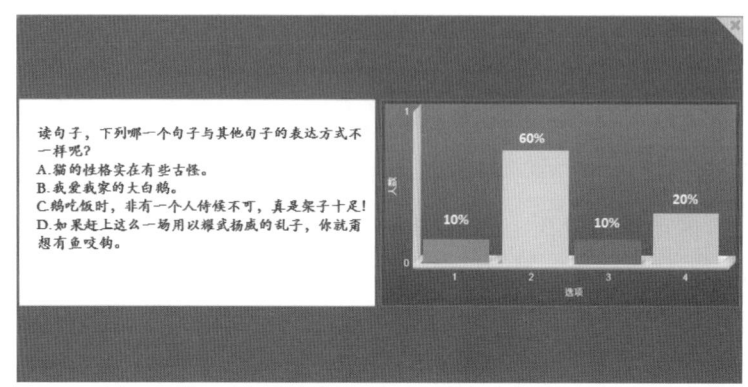

图1 即时反馈系统应用示例

即时反馈系统除了可以提供实时统计供主讲教师了解班级全貌,它的应答明细图还可以将每一个学生的应答选项直观显示(如图2)。在教学实施中,这一反馈系统可以同时面向主讲与辅助教师开放。这样,教学团队就可以根据反馈情况灵活作出下一步的教学决策。如果每个学校的学生均存在较多的错误,则主讲教师可以再次讲解、集中释疑;如果仅是个别学校的学生存在较多错误,则相应学校的教师可以在课堂中进行个别指导或课后提供针对性的指导。这样,教学的针对性与精准性有了较好的保障。

图2 即时反馈系统应答明细图

(三)课后数据跟踪,个性辅导

传统课堂中,学生课后作业的批改和反馈是较为滞后的,作业讲评也只是讲共性问题。在本实践中,教学团队同样基于在线平台构建学生作业数据记录跟踪与个别指导的机制,主要使用了"晓黑板"课后学习平台以及"钉钉"班级群的作业布置功能。每次同步教学后,教师均会在这些平台上布置符合学情的课后作业,由教学团队进行分工批阅,追踪每一个学生的学习情况,针对不同学生的作业情况及时给出反馈与指导。如果只有个别学生出现错误,则通过评语或是课后的个别辅导加以校正。如果较多学生存在同样的问题,则会在下一次同步教学时集中讲解指导。

技术平台的使用,也变革了评价的组织形式。例如,本实践中也在部分内容上增加了学生互相评阅环节。事实证明,这种方式不仅促进了同伴之间的良性竞争,督促学生更认真地对待作业,还在提高作业批阅效率的同时,增加了学生之间相互学习的机会,起到了巩固知识、查漏补缺的效果。

三、小结

在同步课堂教学情境中借助智慧教学系统实施智慧教学,不仅提高了同步教学的效率与效果,同时也创建了自由宽松、勇于创造和张扬个性的学习氛围。在这一过程中,借助学习数据的过程性记录与分析,教师实施以学生为中心的个性化教学有了抓手,同时也尽可能在班级授课制的场景下实现精准施教的目的。更为重要的是,一直以来,远端教室的学生在同步教学中往往不自觉地成为课堂的旁观者,但在智慧教学情境中,他们掌握手中的遥控器,成为课堂积极的参与者。他们作为课堂主体者的意识在萌芽,与主讲教师的距离在拉近。而伴随着这种隔离感的消融,同步课堂的教学质量也在同步提升。

参考文献：

[1] 刘邦奇. "互联网+"时代智慧课堂教学设计与实施策略研究[J]. 中国电化教育, 2016（10）：51-56+73.

[2] 刘潞. 初中语文作文教学中智慧课堂构建策略研究——以重庆天府中学为例[D]. 重庆：西南大学, 2020.

[3] 程亚楠. 基于智慧课堂的小学数学"图形与几何"教学设计研究——以苏教版五下《圆的认识》为例[D]. 江苏：扬州大学, 2020.

[4] 邵光华, 魏侨, 冷莹. 同步课堂：实践意义、现存问题及解决对策[J]. 课程·教材·教法, 2020, 40（10）：70-76.

[5] 王兴宇. 活动理论视角下的智慧课堂教学模式研究[J]. 中国电化教育, 2020（04）：118-124.

即时反馈系统促进同步课堂互动成效的策略研究

宁波市惠贞书院　孟晓宁

一、研究背景及问题的提出

国务院《关于深入推进义务教育均衡发展的意见》中指出,教育均衡发展是义务教育的重中之重[1]。《中国教育现代化2035》也指出要推进城乡义务教育均衡发展[2]。近些年,随着互联网技术的发展与成熟,借助互联网构建城乡同步课堂已经成为共享优质教育资源、促进教育均衡发展、推动教育公平的重要形式之一。

包括城乡同步课堂在内的教学情境与有效学习的发生均十分依赖高质量的互动。从建构主义的角度来说,学习者的学习是在原有经验基础之上建构意义、形成理解的过程,而这一过程通常是在社会文化互动中完成的。这启示我们在设计有效教学的过程中,需要正视学习者的已有基础,创设合理的情境,并借助活动设计引发高质量的师生、生生互动,来促进学习者对学习内容的意义建构。

然而,相比传统线下面授课堂,城乡同步课堂高度依赖双向音视频技术等方式开展互动,容易出现互动形式单一、互动频次低、学生覆盖面小、互动反馈不及时等现象,限制了互动对学生有效学习的积极作用。基于这一问题,本研究介绍了"IRS 即时反馈系统"(Interactive Response System,简称 IRS),创设、提升城乡同步课堂互动模式的策略与方法。

即时反馈系统是一种使用应答器、移动终端等反馈终端,让学生在课堂中可以即时反馈信息给教师的一种教学系统。这一系统突破了"个体提问、个体回答"的传统课堂反馈模式,学生可以通过反馈终端即时发送测验结果、选项等学情信息,系统同时接受所有学生的答案,并以视觉化图表等方式呈现统计结果或明细,由此可以辅助教师借助学生反馈信息构建更具互动性的教学。

2000 年以来,无论国内还是国外,对即时反馈系统在面授课堂教学中的应用均已开展了持续的研究与实践。综合有关研究,其在传统课堂中应用策略主要包括以下几种:开展教学前的学情前测、教学活动时的随堂测验以及教学结束后的成效检测等,由此为教师提供即时的学情数据以支持后续的教学决策;此外,即时反馈系统也广泛地应用于竞赛式教学、学生学习心得与建议收集等,以便于构建更具互动性、民主性的课堂。

二、城乡同步课堂实施互动的困境

以建构主义为代表的学与教的理论明确了互动在学生学习中的重要意义,互动设计持续成为教学设计中被重点关注的内容。城乡同步课堂,相较于传统面授课堂,因互动需要,通常要以技术为中介开展实施,因而带来了新的挑战。当前同步课堂中的互动现状,反映了其存在以下的不足。

(一)互动频次低,学生覆盖面小

要使互动发挥对学生知识建构的作用,必要的互动频次不可缺少。在同步课堂情境中,虽然采用双师协作的方式,但主要的互动组织者还是执教教师。这种情况下,同步课堂实际上进一步降低了师生比。与此同时,技术中介的互动成为主要形式,但由于传输速度慢、信号不稳定、画面不清晰等原因,往往也会滞缓互动的时效。两相叠加,使得同步课堂中互动的频次较传统课堂降低,学生参与互动的覆盖面更小。

(二)互动形式单一,反馈不及时

在传统课堂中,面对面交流的便捷使得组织对话、讨论等成为课堂互动的常态。但在同步课堂中,诸如讨论之类的互动,无论在时效性上还是在课堂管理难度上,都给执教教师带来极大挑战。因此,网络对话成为当前同步课堂互动较为倚重的形式,甚至在个别情况下,教师会大量采用举手示意的形式来组织一些需要全员参与的互动。

这种技术上的限制客观上也导致了师生之间信息的反馈滞后,学生无法迅速地对教师的教学进行回应,而教师也较难针对学生的反馈信息进行针对性的教学调整,影响了教学实施的效果,甚至可能导致学生问题解决延误、学生知识点掌握不扎实、动机水平下降等问题。

(三)浅层互动多,深层互动少

在传统教学互动方式受到技术条件的限制,从而影响其在同步课堂中的实施效用的同时,另一个问题也随之产生,那就是这种互动的不充分也导致了互动的不深入。

在当前的很多同步课堂中,教师为了达成教学目标加快教学进度,往往只在一些简单问题上设计互动,而缺少可以引发学生深层认知冲突,并引发高质量学习的互动场景。例如在语文教学中,部分互动停留于反馈学生答案的正误,却忽略了对人物情感、主旨思想等深层次问题的探讨及思考过程的呈现。这种情境下,学生往往也只是机械地跟随教师完成指定任务,互动流于形式,知识内化不够深入。

三、即时反馈系统促进同步课堂教学互动的策略

结合同步课堂中实施有效互动的挑战与即时反馈系统的技术优势，研究者在实践情境中对上述两者在教学互动中的支持作用进行了研究，认为其在以下方面提升了当前同步课堂的教学互动实效。

（一）全员参与，构建更即时的教学信息反馈回路

前文已经述及，如果在同步课堂中采用传统师生语音对话的方式来进行交互设计，则往往由于师生比、技术传输效率等原因，无法实现全体学生广泛参与，影响互动的频次与覆盖面。

但在即时反馈系统的支持下，教师可以在必要的师生视频对话基础上，设计合理的情境，将视频对话设计为基于不同教学问题的随堂检测活动。此时，所有学生，无论与执教教师同处一室，还是身处远端教室，均可以通过反馈终端即时、便捷地以技术中介的方式，让学生反馈实时的学情数据，某种程度上使得在同步课堂中关注每一个学生、发展每一个学生成为可能。

现有的即时反馈系统往往也提供了便捷的数据统计与可视化技术，使得教师可以在这一数据采集与分析技术的基础上，便捷地了解每一个学生的学情，借此来了解与反思自己的教学实施成效，并为下一阶段的教学活动决策提供支持，实施更加精准的教学干预。例如，在学生回答教师的一个问题时，若按键答题的速度较平时快，那么说明此测试题目的难度较低，教师可以根据学生的表现及时简化教学流程，反之，教师就要根据学生的表现来重点说明题目内容。

此外，即时反馈系统这一便捷的信息流转机制，也为学生反思自身学习、及时查漏补缺提供了支架。例如，在执教《灰雀》一课时，学生在回答"列宁为什么要问灰雀'昨天你到哪里去了'而不问那个男孩"这一问题时，错误率较高，通过课堂观察可以发现，即时反馈系统实时呈现的评阅信息其

实也为回答错误的学生提供了起疑、反思、提升的情境,有助于其学科思维水平的提升。在教师针对性地对难点进行解释后,二次提问同类问题,学生答题的正确率得到提高,这也说明这一机制能促进学生深入理解文本等方面能力的提高。

(二)丰富互动形式,引发学生更深入地参与课堂

即时互动系统实质是借助网络技术建构了一个以电子化信息为中介的传递系统,借助终端也为人机互动与人际互动的建构提供了极大灵活性,从而也为课堂互动的实施提供了更丰富的选择。

首先,以研究者所使用的 HiTeach 即时互动反馈系统为例,系统内置的随机挑人功能可以避免教师在选择互动学生时,过多受到经验或者不自觉的喜厌影响,从而给予两端学生更公平的参与机会。同时,这种随机性不仅可以激发学生的积极性,也营造了一种督促学生随时专注于课堂的学习氛围。

其次,多数的即时反馈系统也提供了抢答功能,即教师在课堂上创设问题情境后,学生主动来抢答。由于电子信号传输速度快,无论本地教室还是远端教室的学生均有同等机会参与课堂互动。

最后,即时反馈系统也可以为参与互动的学生计分,且这一计分功能既可以面向个体学生,也可以面向某个学习小组。借助这一计分功能以及配套的可视化图表呈现技术,教师可以用一种便捷的方式在同步课堂中实施竞争式的教学活动。而这种竞争性的学习,通过合理的设计,可以明显提升学生参与课堂活动的积极性。

(三)引发深层互动,促进深度理解与思维发展

如前所述,在同步课堂中应用即时反馈系统,一方面提升了师生、生生间信息传递的效率,使得互动的实施更加高效;另一方面也可以为课堂提供更加丰富的互动形式。对于教师而言,这样的改变使其可以有更多的课堂教学

时间来引发学生更深层的认知投入,可以借助灵活的组织形式来引发学生之间、校际的差异化观点的碰撞,促进学生对学习内容的深度建构和思维发展。

例如,在移动终端和即时反馈系统技术的支持下,研究者在执教《女娲补天》时,可以同时组织两端学生小组协作学习。在教学的过程中,教师可以实时地借助这一技术环境获取每一小组的学情,针对性推送后续学习资源与学习任务,同时也有更多的时间针对每一小组的协作学习进度,实施更有针对性的个别化指导。实践证明,在这一教学组织形式下,学生对文本的内容有了更扎实的掌握,各小组也对文本背后的文化含义、语言特点等语文学科的相关内容有更深的理解。

四、小结

总的来说,在同步课堂教学情境中合理地利用即时反馈系统迅捷、灵活的信息传递特点,并进行针对性的设计,可以为同步教学提供更丰富、多样的互动。这既有助于教师随时掌握学生学习进度,提升课堂教学的效率和效果,也可以更好地落实教学目标。

同时,即时反馈系统也可以加强师生间的互动和交流,活跃课堂氛围,为学生提供更具趣味的课堂参与方式,提高学生参与课堂活动的意识,并引发学生更深层的认知投入,有利于学生知识技能更深入、更系统的发展。

参考文献:

[1]庄君明,贺志强. 基于IRS的课堂测评系统的设计与应用研究[J]. 现代教育技术,2011,21(01):116-121.

[2]张晓彬,李霜爽. 互动反馈系统(IRS)及其对传统课堂教学的优化设计[J]. 现代教育科学,2007(10):87-88.

［3］周玉霞,朱云东,刘洁,等.同步直播课堂解决教育均衡问题的研究[J].电化教育研究,2015,36（03）：52-57.

［4］陈洁媛."互联网＋教育"城乡同步互动课堂在小学学科教学中的实践应用[J].陕西教育(教学版),2021（05）：19-20.

［5］姚亚杰.国内同步课堂文献综述[J].开放学习研究,2019,24（04）：41-45+53.

任务驱动教学在同步课堂中的应用

宁波市惠贞书院　王霞
浙江师范大学教师教育学院　罗毅

一、研究背景及问题的提出

互联网正成为我国教育均衡发展中的重要支撑力量,浙江省于2019年启动的"互联网+义务教育"正是在这一背景下产生的一种新型教育实践,其主要思路是借助网络通信与传播技术的优势,扩大数字教育资源的共享应用,促进城乡、校际的资源均衡配置,引领各级各类学校和教师的共同发展。"互联网+义务教育"主要有四种实施形态,包括城乡同步课堂、远程专递课堂、教师网络研修、名师网络课堂。其中,以同步课堂应用最为广泛。

同步课堂主要采用教育资源较优的城区学校和资源薄弱的乡村等地区学校结对帮扶,由城区学校(支援校)的授课教师利用互联网视频技术,同时面向本校和结对帮扶校(受援校)学生开展实时的互动教学。借助两校学生同步上课、同步作业、同步接受辅导,两校教师共同备课、共同上课、共同批改作业和辅导学生,共同进行质量检测,使乡村学校的学生同步享受到优质教学资源。

当前,各地教师针对同步课堂开展了大量实践,在感受到同步课堂扩大资源共享范围的同时,也遇到了一些困难,如在视频直播环境中校际互动不如面授课堂即时、高效;学生数更大、师生比更低、学生层次更多样的环境下教师很难兼顾所有学生;受援校学生通过直播视频学习易产生的生理疲劳与临场感缺失等问题。

基于对这些问题的思考,宁波市惠贞书院在与灵峰学校、修人学校结对帮扶实践中,开展了以任务驱动组织规划同步课堂教学,促进学生有效学习的研究与实践。

二、任务驱动教学在同步课堂中的应用

(一)任务驱动教学

任务驱动式教学最早起源于第二语言教学领域,主要通过为学生创设真实的语言应用情境,让学生在完成任务的过程中完成语言技能的习得与内化。这类任务情境包括求医、面试、电话客服等。

已有研究证明,任务驱动教学在多个层面具有独特的优势。首先,它将传统的知识授受行为变革为学生解决问题、完成任务的过程,有效地调动学生的学习积极性,发挥学生的主体作用;其次,任务驱动教学将知识学习与应用实践整合,倡导知行合一,有利于学生分析、综合、评价、问题解决等高阶认知能力的发展;再次,任务驱动教学应用方式灵活,既可以通过个人自主学习的方式开展,也可以通过小组协作学习的方式实施;既可以作为小型任务活动纳入整个课堂教学的设计之中,也可以设计为横跨多个课堂甚至整个学期的大型项目式学习。

(二)任务驱动教学与同步课堂

同步课堂在促进优质教育资源共享上有着突出表现,但是回归课堂本

身,同步课堂开展过程中也暴露出一些问题。最主要的挑战是师生比的降低,使主讲教师难以兼顾所有学生,特别是受援校学生,易使其产生孤独感,甚至成为课堂的旁观者。

任务驱动式教学将传授知识为主的传统教学转变为以解决问题为主线的情境式学习。借助情境性任务,它可以营造以用促学的氛围,激发学生内在动力,激励其深度参与、发挥主体作用。同时,任务的综合性要求引导学生从整体上把握学科脉络,构建知识网络。

三、同步课堂中任务驱动教学的实施

一般来说,任务驱动式教学主要包括以下四个环节:设计任务、执行任务、完成任务、评价任务。

(一)情境导入,展示任务

由于同步课堂班级组织的特殊性,为了保证教学质量,支援校教师与受援校教师要协同备课。在开展同步课堂阅读课之前,不仅要给学生布置一些常规性的预习任务,如熟悉课文中生字词、熟读课文等,还需要根据课文特色布置一些差异化的课前预习任务,如了解文章的时代背景、文章主人公的生平事迹等。

在课前预习任务全部完成的基础上,教师可以在课堂上利用贴近生活的情境,向学生展示在本次课堂中需要完成的任务。对于小学阶段的学生来说,情境导入可以借助动画、视频等形式,也可以借助学生熟悉的典故或生活场景。例如,小学四年级《梅兰芳蓄须》一文主要讲述了抗日战争时期,著名京剧表演艺术家梅兰芳为了拒绝给日本侵略者表演,不畏威权,蓄须明志,甚至冒着生命危险打针装病。直到抗战胜利,他才剃掉胡须,重新登台表演。在教学中,教师可向学生展示一些京剧的视频片段,比如《贵妃醉酒》视频,引导学生进入问题情境，适时抛出教学任务，分析梅兰芳是一个什么样的人，他为什么要蓄须。这样任务驱动教学的情境设计与任务发布就水到渠成了。

（二）自主探究，细分任务

任务驱动教学中学生最大的挑战是如何解构问题并形成自己的解决思路，这往往需要教师进行针对性的指导。在同步课堂情境中，教学团队需要对任务再次进行细致划分，以帮助学生进行学习探究。在此过程中，教学团队首先要根据任务分类。这一分类既要结合学情，也要根据教学要求，例如以文章写作手法、重点词汇等要素来设计问题，启发学生思考。同步课堂支援校与受援校的学生整体学习水平存在差异，同时班级整体人数较多，学生阅读能力水平更加参差不齐，所以支援校与受援校教师在细分任务的时候需要考虑到大部分学生的学习状况，尽量设置中等难度的任务，让大多数学生都能顺利完成任务，增强学生的语文阅读信心，同时也要设计若干带有挑战性的任务，由阅读能力较强的学生指导和帮助能力较弱的学生共同完成。在任务细分完毕之后，学生则进入自主探索阶段，通过阅读文本和小组讨论方式完成教师布置的任务。

在《梅兰芳蓄须》一文的教学中，教师将"梅兰芳是一个什么样的人？为什么要蓄须？"这一总任务隐藏在理解几个梅兰芳的小故事中，学生自主思考梅兰芳的人物性格特点。同时，在这个阶段中，两端教师需要给自己班级的学生提供学习指导，及时引导学生思考。在该任务分配中，教师将总任务细化成了不同的小任务，原本看似复杂难懂的总任务在经过拆分之后条理变得更加清晰，人物特点更加鲜明。同时，在阅读过程中，学生也可以从字词、写作手法中学习人物记叙类文章的写作方法。

（三）合作学习，完成任务

在任务驱动式教学中，教师设计的学习任务可能会有一定的难度，有时候凭借学生一个人的力量可能无法完成所有的学习任务，需要采用小组合作的学习方法。在开展同步课堂教学之前,两端教师可以根据学习任务的难度与数量,为每个小组分配合适的人数,保证每个学习小组都能顺利完成任务。在《梅兰芳蓄须》一文的学习中,一个学生可能无法全面、系统地总结出几个小故事体现出来的梅兰芳的人物品格,教师可以通过小组合作的课堂组织形式,让每个小组选择一个自己认为理解得最好的小故事来与全班讨论交流。同时,为了确保每个学生都能积极参加小组讨论,在学习任务单中,教师需要提出在小组合作探究中应关注的问题,也需要设计活动成果展示环节,随机或者让小组指派一个学生代表该小组汇报,给每个学生都增加"危机感",督促他们积极参与讨论。

(四)展示总结,评价提升

在小组合作完成任务之后,教师需要让小组进行阅读任务成果展示。展示完毕之后,教师不仅需要自己对该小组任务的完成情况进行点评,而且需要组织支援校与受援校学生进行相互评价。通过相互评价,缩小两端学生的距离感,增加"班级感"。在评价过程中,两端教师需要注意的是,由于同步课堂两端学生的语文阅读基础、阅读的兴趣以及阅读习惯等方面有很大的不同,教师在任务完成进行评价的时候应尽量做到因班而异、因人而异。教师要基于学生学习能力、整个任务的完成度进行形成性评价,尽量做到最公平的肯定。对于学习能力较差的学生,两端教师应给予他们一些鼓励,肯定他们在每次任务中做出的努力,帮助他们一步一步提升。对于学习能力较强的学生,教师就侧重于对该学生整体素质的评价,包括最终成果展示、小组讨论内容、小组交流方式等,以教师评价和组内成员评价共同结果作为最终评价结论。

四、成效与反思

将任务驱动式教学应用于同步课堂的语文阅读课程教学,学生在教师的激发和引导下，从被动的接受式学习到主动的探究式学习，再到创新的输出式学习过程中，极大地提高了课堂参与积极性，提升了学习兴趣。同时，任务的确定与划分需要两端教师进行细致的规划，这也促进了两端教师的交流，通过合作备课、授课、教研等形式，对教师专业发展也具有提升作用。

参考文献：

[1]李作培.分析新课标下如何进行小学五六年级语文阅读教学[J].现代阅读(教育版),2012(20):226.

[2]赵龙忠.略谈"任务驱动法"在小学信息技术课堂中的应用[J].文理导航(下旬),2011(06):64.

[3]沈迎秀.任务驱动教学模式在小学语文中的应用[J].新教育时代电子杂志(教师版),2018(35):247.

[4]杨礼艳.任务驱动,启发学生自学——任务驱动下的小学语文教学研究[J].新课程导学,2016(36):82.

促进小学英语同步课堂有效互动的策略研究

宁波市江北区实验小学　吴慧娜

一、研究背景

2019年3月,浙江省教育厅在全省全面推进"互联网+义务教育",开展跨市、跨区、跨校学校结对共建,同步课堂成为其中重要内容之一。在此背景下,宁波市江北区实验小学和江北区妙山小学、江北区甬城学校结对,开展了远距同步课堂的实践。

同步课堂的教学环境不同于传统线下课堂,因此不能照搬线下课堂的教学组织形式开展实施。这之中最大的变化是,同步课堂中教学活动的开展需要以互联网技术作为中介。课堂互动作为一种重要的教学组织形式,在传统教学中频繁发生,但在同步课堂中,无论是在实施效率还是学生覆盖面上,都面临新的挑战。对于英语学科而言,学生的听、说能力往往需要在语境中借助与他人的对话互动来提升,因此课堂互动的组织也成为英语学科同步课堂实施中需要重点解决的问题之一。这里所说的互动,指的是教师与学生之间、学生与学生之间以及教师与教师之间的一切交互行为及其带来的影响与改变。它既包括了师生之间、学生之间以及教师之间交互作用和相互影响的方式和过程,也包括了他们的行为所带来的相互间的心理上和行为上的改变。

针对上述问题,江北区实验小学在英语学科同步课堂的教学实践中,对课堂互动的设计策略进行了专项研究。研究者的主要思路是:一方面,在技术中介的同步课堂中,像传统课堂一样实施互动是一种挑战,需要在教学组织与方式上做针对性的设计来弥补;另一方面,同步课堂环境中的教学系统也为互动方式提供了新的可能,可以扬长避短。

二、小学英语同步课堂中师生互动存在的问题及其原因

结合作者实施或观摩的同步课堂实践,发现在小学英语学科的同步课堂教学中,在课堂互动方面普遍存在着以下问题。

(一)互动频次不高,学生覆盖面小

当前,从事同步课堂实践的教师在课堂互动的组织上普遍还是沿用传统课堂教学中采用的方式,最常见的是师生互动。由于同步课堂技术系统的原因,课堂互动,特别是在与远端教室学生互动时,由于延时以及师生心理适应程度的原因,往往不如面对面教学中快捷、流畅,也就影响了课堂互动的频次。同时,因为同步课堂往往涉及2个甚至更多线下班级同时授课,所以课堂互动的学生覆盖面也较低。例如,在某次同步课堂教学中,共有118个学生,但参与课堂互动的学生仅有44人,其中有29个本地学生参与互动,其他两校共15人参与互动。这说明远端教室的学生,除了集体回答、朗读和对话外,很少有机会与老师互动,大都是静坐、聆听,课堂参与度和互动频次都较低。

(二)互动形式较为单一,学生主体作用发挥不强

当前的同步课堂互动形式中,从互动主体的角度来看,主要还是以师生

之间的互动为主。从上述课例来看,所开展的互动中,生生互动仅有1次,其余均采用教师提问、学生回答的方式。这说明学生主体作用的发挥还比较有限,即使在某些课例上教师强化了生生互动,但因为学生之间的熟悉程度以及技术环境的限制,主要也仅限于本地教室学生的互动,鲜有两端学生之间的交流与协作。

(三)互动内容停留于表面,深度不够

对同步课堂中的互动行为进行分析,往往会发现很多课堂互动停留在问题的表面,缺乏深入的探究和追问。互动深入不足,也导致了互动对学生深层思维的触动与启发较少,不利于培养学生深度思维的习惯。

对上述现象加以分析,发现影响同步课堂互动效果的原因主要有以下几个。

1. 师生之间不够熟悉,学生互动意识不强

有效的互动应该是教师依据学科知识体系,以及学生的认知特点,在合适的时机以合适的方式介入,但在同步课堂环境中,来自不同学校的学生虽然共聚一"堂",但实际上教师对于学生的了解还远未及可以因材施教的程度。学生(特别是远端教室的学生)由于没有合适的问题激发,加上陌生的环境和教师,往往很难自在地投入到课堂互动情境中,因此互动效果也较难得到保障。

2. 师生比、技术环境影响了互动的覆盖面与有效性

同步课堂的师生比往往较低,在限定的教学时长内,这必然会限制互动的频次与学生覆盖面。同时,借助摄像头和屏幕进行互动毕竟不同于线下课堂中面对面的互动,这往往也会让师生感到不习惯,加上技术性能的原因,影响了互动的流畅性和即时性。

3. 教师之间配合不足,对技术系统利用不足

在同步课堂中,也普遍存在教师之间的合作与配合不足、默契度不够的问题。这使得在课堂互动中,教师之间缺少有效的协同,常常会出现各自组织自己班上学生互动的情况。同时,教师对技术系统利用不足。一方面,其操作能力尚待提高,音视频互动往往受到技术能力的牵绊;另一方面,其缺少利用技术系统、设计实施新的互动方式的能力。

三、促进小学英语同步课堂有效互动的策略

针对上述问题,研究者在小学英语学科同步课堂教学的实践中,针对课堂互动的有效性提升进行了探索,发现通过设计更具参与感的教学活动、组织形式,并注重互动问题对深层思维的启发,可取得良好的效果。

(一)创设情境、任务驱动,吸引学生参与教学活动

互动在课堂教学中具有多重价值。它是一种调节课堂教学节奏的活动形式,更重要的是,它营造了一种体验式学习的情境,是教师了解学生学情并借此与学生增进信息感和情感联系的方式。因此,有效互动的设计也需要建立在对其多重意义认识的基础上,并以引发学生深度参与课堂作为目标。

基于小学英语同步课堂的实践,采用任务驱动的方式,将课堂教学内容融入对学生有意义的任务情境,是一种有效的方式。为了完成任务,学生需要深度投入,充分发挥主观能动性,主动思考。更重要的是,任务驱动教学将知识的学习与应用融为一体,有助于学生学以致用,并提升兴趣和综合能力。

在任务驱动教学中,教师可以将学习任务设计为具体可操作的任务,在课堂开始之前就让学生了解、熟悉任务。这样一来,学生事实上就预先进入了教学情境,变被动为主动,为课堂互动的有效发生提供了基础。在任务驱动的同步课堂中,互动形式可以更加灵活,除了一对一的课堂提问,还可以是对话练习、角色扮演等。这不仅符合小学生活泼好动、爱说爱演的特点,也能拓展师生、生生间互动的深度和广度。

以《PEP 小学英语（四年级下册）》"Recycle 2"的"Read aloud"为例。同步课堂中，老师以 picnic（野餐）为中心，预先布置了野餐准备的任务，包括选择野餐的时间、地点、食物，调查野餐时的天气及需穿戴的衣物等。在同步课堂实施时，老师设计了"听一听""读一读""选一选""闯关游戏"和"角色扮演"等形式鼓励学生参与互动。由于有了前面任务的铺垫，学生对教学内容有了较清晰的理解，也预先做了准备。因为学习热情高涨，课堂互动频繁、积极，语言知识的掌握与应用也取得了较好的效果。

教师还可以设计竞赛式教学活动来增加课堂互动频次，活跃课堂氛围。小学生有强烈的好胜心和荣誉感，课堂上引入这些机制，能够激发学生的竞争心理，使其积极主动参与互动。当前，小学英语同步课堂教学是多班之间进行的配合学习，适当地开展竞赛有利于培养一个班级内部的集体荣誉感。如教学中采用小组竞赛积分制时有效利用电子白板，可以直观地让学生看到自己所在班级的积分排名。为了让自己的班级和学校的排名领先，学生们往往会分外热情地投入到学习中。比如在单词教学时，教师可以采用三校竞赛机制，在教学过程中依据不同班级的互动情况实时给予积分，以此激发学生们积极、踊跃地参与新单词认读、拼写、应用和对话等活动环节。

此外，游戏化教学对于提升小学英语同步课堂的互动也有积极的效果。玩游戏是小学生最喜欢的活动，通过互动性的游戏，能够有效提高学生间的互动频次，尤其是三校学生之间的互动，打破空间的界限，把三校的课堂联结成为一个大课堂，营造良好的英语课堂氛围。例如，《PEP 小学英语（四年级上册）》第六单元的"Part B: Let's learn"中的教学内容是有关"职业"的词汇，教师设计的由一所学校的学生做出某个职业的动作，其他两所学校学生猜测并说出相应职业的小游戏，激发了三校学生的热情，课堂瞬间活跃起来。三方互动你来我往，打破空间的界限，仿佛整个同步课堂就是一个大课堂。

（二）由个体到小组，以协作促进生生互动及全员参与

学生是课堂教学的主体，在互动的设计上，除了师生互动，还应该关注生生互动。在同步课堂中，生生互动不仅是让学生发挥课堂学习主体作用，激发有效学习的方式，同时也可以在较低师生比的教学环境中，为更多的学生创设互动的机会。

在这种情况下，由教师讲授式的教学转变为教师指导下的小组协作学习是一种有效的策略。在小组协作学习中，师生、生生之间的交互活动是多边的，学生有更多的机会发表自己的看法，提高自身的思维能力。同时，学生之间互动频繁了，也促进了同伴之间的相互学习与帮助，同时也增强了学生的情感联系与团队责任感。

在本实践中，研究者尝试了多种形式的小组协作形式，例如：画思维导图、填调查表、写小短文、画海报等。在实施协作学习时，在各自的班级里，每四人或六人为一组，成员间互帮互助、共同完成。例如《PEP小学英语（四年级下册）》"Unit1 My School"这一单元，课前学生以小组为单位，通过绘画、视频等方式，记录自己的学校（见图1）。在教学过程中，各组学生轮流展示作品，介绍自己的学校，其他两校的学生聆听并评价。借助这一方

图1　学生小组合作完成的学校导游海报图

式,互动紧密嵌入整个课堂教学的体系,使之发挥润滑剂与促进器的作用。

(三)关注互动问题设计,促进学生思维发展

关于课堂互动,需要认识到的是它绝不能只停留在调节课堂教学活动节奏、营造课堂氛围的表层上,而是要将其视为促进学生内化应用知识、促进思维发展的情境,否则互动很可能仅限于表面的"热闹"。

要发挥互动对学生知识内化与思维发展的作用,教师首先需要深入了解学生,在学情分析的基础上,设计适宜的互动内容与形式,为学生的知识建构活动提供恰到好处的触发;其次,教师也需要深度挖掘教材,在英语学科知识体系的框架之内来设计教学互动,要让学生在互动的过程中也体会到知识的结构与脉络,促进学生的深度理解和掌握;再次,还需要考虑通过互动来将知识与现实生活的场景串联,并做好情感与主题的升华。

下面以《PEP小学英语(六年级下册)》第三单元的"Read and write"为例。这是一节阅读课,用日记的形式讲述主人公和家人的一天,主题是"这是美好的一天,也是糟糕的一天"。当教师在结束基础教学内容的互动后,又追问学生"这一天为何美好又糟糕"时,学生一时无法回答。这时,教师引导学生分享自己一天的经历,继续探讨主题。最后老师点明:虽然生活中有很多不好的事情,但"塞翁失马,焉知非福",我们要有乐观的态度,看向积极的一面。这样的教学设计将教学置于一个更宏大的背景,不仅为英语技能的综合应用提供了场景,同时也实现了情感态度价值观目标的达成。

四、小结

当前同步课堂已经在全国多地试点实践,其对优质教育资源共享应用的作用毋庸置疑,也应该会对我国教育的均衡优质发展提供新的助力。但所有的课堂,并非教师的单向讲授,而是一个师生共同参与、集体建构的

过程,因此不仅要发挥同步课堂的作用与价值,也要关注课堂互动形式的创新。

本实践借助整体教学设计以及互动内容、形式的创新,实现了较好的互动效果。本研究主要是基于同步课堂互动的特点与问题而设造,活用传统课堂互动形式。在后续的应用中,还应该积极探索借助网络学习平台、即时反馈系统等技术手段,实现更有效的课堂互动。

参考文献:

[1]彭美兰.小学英语教学远程同步课堂教学模式的应用研究[J].校园英语,2020(12):159.

[2]符俊宇."互联网+义务教育"城乡同步课堂的实践与思考[J].浙江教育技术,2020(01):40-43.

[3]刘艺,李波.大学英语教学平台多元化互动功能的开发与应用研究[J].英语教师,2012,12(03):19-23+29.

[4]汪学均.视频互动同步课堂教学模式研究[J].中国电化教育,2017(04):122-128.

[5]吴秀圆.同步课堂背景下的城乡教师实践共同体发展研究——以湖北省咸安区为例[D].武汉:华中师范大学,2015.

信息技术在同步课堂的应用策略研究

宁波市江北区实验小学 朱晴

一、研究背景及问题的提出

教育是一个关系国计民生的重要领域，教育的均衡与充分发展同样是整个社会共同关注的话题。随着信息技术的快速发展和广泛应用，以互联网为核心的信息技术已经成为我国探索教育均衡发展途径的重要元素之一。浙江省于 2019 年推出"互联网＋义务教育"工程，试图借助互联网环境下的城乡同步课堂 4 种应用形态，扩大优质教育资源覆盖面，以信息技术促进教育资源的均衡配置和发展。

城乡同步课堂是一个新的探索领域，在当前的实践中还缺少可以直接应用的成熟经验。在实践中笔者也发现，当前的城乡同步课堂虽然依托互联网技术开展，但是在教学的组织与实施上，更多的还是照搬传统线下课堂，缺少对互联网环境中学生分布差异化这一特殊学情的充分考量，也没有针对教学实施环境的优势与不足做针对性的设计，加上由于当前的同步课堂支撑技术在传输性能、互动方式等方面的不足，在实际应用中还受到诸多的限制，也影响了同步课堂的实施成效。

在上述背景下,笔者基于参与所在学校与另两所农村教育薄弱学校结对帮扶,开展小学数学课程同步课堂教学的经验,提出在同步课堂实践中首先要对学情进行充分调查与分析,同时在教学活动的设计与实施上充分挖掘信息技术在内容呈现、沟通交流等方面的应用优势,以此来指导同步教学的设计与实施,促进同步课堂的应用效能。

二、信息技术在同步课堂教学中的应用策略

现代信息技术为小学数学同步课堂提供了良好的支撑。在教学设计与实施中,教师需要将教学环境中的技术与教学有机融合,满足学生多感官需求,让学习过程更加真实生动,从而激发学生的学习动机。同时,教师还要清楚认识信息技术的优势与不足,运用恰当的方法结合多种技术,在运用过程中扬长避短,提高教学效率。

(一)学情实时调研,线上追踪反馈

信息加工理论指出,学习过程是一个通过信息耦合、迁移、转化,从而形成新知的过程。这里信息耦合的基础是学生已有的知识经验和思维方式,即学生学习的起点。同步课堂环境中,教师面对的学生数量较多,学情差异较大,学生学习起点不一,加上同步课堂实施过程中有可能会出现网络信号延迟的情况,往往使得学生难以时刻跟紧教师的脚步。不少学生对于本节课知识的学习目标不清楚,较少主动参与学习,小组讨论效率低,实现不了设计意图。

要解决上述问题,教师必须充分了解三校不同学情,以学情为基础展开同步课堂教学设计。为此,教师除了需要与结对学校的助教教师紧密协作,获取学生的学情信息外,还可以根据教学目标设计学情调查工具,并利用在线问卷等方式进行数据分析和处理,以支持后续的教学设计与实施。

教学实践中,在确定教学目标后,笔者会设计一份"预学单"。"预学单"是教师在确定教学目标,通过分析目标得出学生在学习之前必须具备的入门知识技能和学习之后即将获得的知识技能之后,将这些知识技能的测试题编制成的一份精简的摸底卷。通过观察学生完成"预学单"的情况,教师可以确定本次教学的难点并调整教学过程与教学内容。在操作上,出于对预学单发放与回收便捷性的考虑,一般会利用线上问卷调查工具(如问卷星),并由助教教师或师生互动群组发给学生并及时回收。例如在教学《年、月、日》一课前,授课教师先给三所学校学生布置了课前预习任务,并编制了一份"预学单",对三校共120个三年级学生进行了学情调查(最终结果如表1所示)。借助数据分析,教师了解到有95%的学生已经学习了较多有关年、月、日的知识,但还有部分学生需要掌握区分和记忆的方法。由此,教师在进行教学设计与实施时就可以做到聚焦重点、精准教学了。

表1 《年、月、日》"预学单"第五项、第六项统计

预习任务	江北区实验小学 (40人)	江北区妙山小学 (40人)	江北区甬城学校 (40人)
第五项 大小月及2 月的分类	正确区分:30人(75%) 部分正确:7人(17.5%) 不会区分:3人(7.5%)	正确区分:21人(52.5%) 部分正确:10人(25%) 不会区分:9人(22.5%)	正确区分:20人(50%) 部分正确:9人(22.5%) 不会区分:11人(27.5%)
第六项 记忆大小 月的方法	两种及以上:25人(62.5%) 一至两种:14人(35%) 完全没写:1人(2.5%)	两种及以上:16人(40%) 一至两种:20人(50%) 完全没写:4人(10%)	两种及以上:19人(47.5%) 一至两种:14人(35%) 完全没写:7人(17.5%)

课前的线上问卷调查仅仅是了解学生学情的其中一种方式。在同步教学实施中,教师还可以灵活采用其他方式来获取学生更多样的信息。首先是为学生建立电子学习档案袋。例如,可以将学生参与同步课堂的互动数据、作业、测验等情况进行存储与记录,数据源可以包括采集课堂即时互动反馈系统中的互动记录、线下作业中存在的问题记录等。电子学习档案一

旦建立,就可以对每个学生的学习情况进行持续跟踪,建立学生的纵向发展数字画像。另外,教师也应该充分利用课堂之中以及课余时间的互动机会,通过与学生的非正式交流来获取学生学习兴趣、知识掌握程度、存在的疑难等方面的信息,来增进对学生的了解,以便在后续的教学和个别指导中做得更加精准。

(二)多通道刺激感官,好资源突破难点

《义务教育数学课程标准(2011年版)》指出:"数学是一门研究数量关系和空间形式的学科。"[1]对于抽象思维尚未发展完全的小学生而言,数学学科中的许多知识点总是非常抽象。尤其是几何领域的知识,教师在教学时必须要画图解释,但在黑板上用粉笔画图较为麻烦且低效。此时,借助几何画板、演示文稿、交互式电子白板等信息技术工具,不仅可以做得形象直观,同时教学效率也可以大大提升。例如在教学《三角形的面积》一课时,教师可以结合图形动画清楚地呈现出长方形、正方形以及平行四边形分割成两个全等三角形的过程,明确三角形面积是四边形面积的一半,进而引导学生归纳概括得到一个普适的结论,推出三角形面积的公式:三角形的面积＝底×高÷2。

多媒体资源依靠其多感官通道所带来的直观性,将数学课中很多抽象的内容转变为更形象的信息,帮助学生理解晦涩难懂的知识点,很大程度上也提高了学生的数学学习兴趣。例如《年、月、日》一课中,教师播放的动画视频生动形象地介绍了大小月的由来。通过这个视频,学生还知道了古罗马的大小月是由凯撒决定的。同样的知识点,教师选择了不同的表达形式,达到的教学效果也截然不同。

在同步课堂教学环境中,对远端教室的学生而言,教学过程中教学内容的传达和进度的推进,主要是以教室中一体机呈现的内容作为中介的,因此相比传统的班级授课情境,教师在同步教学中对于教学内容的呈现应该更加精心,做到生动形象,以吸引学生的关注和投入。一旦学习的兴趣得到激发,学习的参与度便会得到提升,学生对知识的理解也更可能深入。

(三)教学方法设计妙,结合技术提成效

建构主义认为,学习过程是学习者在一定情境下,通过协作、交流而自主建构的过程。这对于课堂教学的启发就是,要尽可能发挥学生的自主性,让其在真实、具体的任务情境中来进行知识的探究与建构。为了达到这一目的,教师教学活动的安排和学习材料的组织要体现生成性,善于将学生的解题方法、观点、结论等作为教学内容或材料。

当前同步课堂实践中,部分教师依旧是一个人、一张嘴担下了一整节课,没有较好地引导学生参与知识的共同建构,也没有将学生的想法展示出来。这往往会导致课堂教学互动不足、氛围平淡,效果可想而知。

在同步课堂师生比降低的教学情境中,对于学生主体性的发挥尤为重要。笔者在《数字编码》一课中,在课前让学生分享收集的身边的编码作为导入,整节课以"是什么——为什么——怎么编"的流程展开,引导学生进行数学编码的相关探究。同时,利用同步课堂中实时连线的功能,让学生能够进行远程讨论与交流,教师帮助解答疑惑。在教学过程中,以学生的讨论结果作为教学流程转换的节点,取得了良好的效果。

学生自主探究的效果和教师单方面传授的效果截然不同,借助探究活动的导入,激发学生的探究兴趣,让学生进行表达、批判、质疑。在这一过程中,学生的主体性得到张扬,成为课堂的主人。这种自主建构的知识往往也会比传统授受的知识更加牢固。

三、结语

有效的教学不仅是将教师头脑中的知识通过口耳相传的方式传递给

学生，更多的是要善于创设情境，引发学生认知冲突，帮助其进行自主建构。在同步课堂的环境中，因为技术环境的限制，师生在交流方式上迥异于传统课堂，但是信息技术也为教学内容的传输、课堂组织方式的创新等提供了很多可以支撑的支架。在教学中，需要探索并形成自身独特的应用思路和应用方法，善于发挥技术的优势，限制其不足，才有可能最大程度地发挥同步课堂的实施成效。

参考文献：

［1］中华人民共和国教育部．义务教育数学课程标准（2011年版）［M］．北京：北京师范大学出版社，2012．

［2］苗逢春．信息技术与中小学教学整合的教学原则和校本推进模式［J］．北京师范大学学报（社科版），2003（04）：87-95．

［3］范纯善，李海北．基于网络课程的中学教学研究［J］．中国电化教育，2002（03）：39-42．

［4］林清高．信息技术与小学数学教学深度融合的实践研究［J］．中国新通信，2018，20（08）：184．

［5］蒋文意．信息化环境下有效课堂教学的分析——以小学数学课堂为例［J］．新课程（教研版），2014（11）：185．

［6］陈飞．小学数学信息化教学研究分析［J］．儿童大世界：教学研究，2017（01）：56-56．

［7］王平兴．信息化环境下小学数学课堂有效教学策略研究［J］．课程教育研究，2019（45）：149-150．

小学语文城乡同步课堂差异教学的实践研究

宁波市江北区慈城镇妙山小学　徐晴
宁波市江北区第二实验小学　孙梦瑾

一、研究背景及问题的提出

自浙江省教育厅于2019年发布《"互联网+义务教育"1000所中小学校结对帮扶民生实事工作方案》以来,采用基于互联网的城乡结对帮扶方式,对同步课堂等新型教学模式的探索与研究逐渐深入,不仅促进了乡村等资源薄弱学校教育品质的提升,由此构建的教师同研共学、协同发展的模式也促进了乡村教师的成长。

在同步课堂中,借助互联网与教学应用系统,城乡学校统一课表,实现"教材、课程、课时、管理"四同步。在教学组织上,由城区学校教师借助双向互动的技术系统同时面向本校及乡村学校学生授课,实现了教育资源的共享。

但城乡学校的学生因其原有学业水平、学习习惯以及所在学校的文化背景不同,存在着较多的差异。我们倡导因材施教,则教师需要针对不同学生的特点进行差异化的教学干预。可以说,在同步课堂这一跨越不同校区、师生比又较低的教学场景中有效实施差异教学是影响同步课堂有效性的关键环节之一,也是当前值得重点探索的实践主题之一。针对上述问题,在宁波市江北区统筹推进"互联网+义务教育"工程的过程中,笔者针对同步课堂情境中的差异教学设计与实施开展了探索与实践。

二、差异教学与同步课堂

差异教学是指教师在教学中立足学生差异,为学生规划个性化的教学目标、学习路径和学习资源,以促进学生在原有基础上得到充分发展的教学。

要有效地实施差异教学,要求教师不仅具备扎实的学科专业知识、教育教学技能,还应该充分地了解每一个学生的基础。从这个意义上来说,班级规模越大,教师深入了解每个学生越难,有效差异教学的实施难度也越大。这也成了当前班级授课制模式下,影响差异教学深入开展的重要因素。

因为上述原因,相比线下课堂,在基于互联网的同步课堂环境中,实施差异教学的挑战显而易见。首先,由于班额的扩大,客观上学生的差异分层也更复杂,特别是城乡学校生源、师资乃至家庭教育环境本身就存在较大的差距,势必造成学生在学业水平、学习能力等方面存在更多样的层次分布,为差异教学带来了挑战。其次,同步课堂中师生比进一步降低,教师要把握所有学生的学情,难度更大,远端教室的学生因缺少现实中与教师交往的机会,尤其如此。而在有限的教学时间内,要为各个层次的学生提供针对性的教学本身就是最大的困难。更为重要的是,当前同步课堂中教学实施与师生互动主要依赖于视音频通信技术,技术性能带来的延时,以及虚拟交流造成的临场感缺失,使得教学的效率又受到额外的影响。

为了解决班级授课制较低的师生比与教师精准提供教学干预之间的矛盾,当前的做法主要有:一是在教育资源充分的区域实施小班化教学,鼓励教师深入理解每一个学生的学情;二是由关注为每一个学生提供个性化教学,转变为关注为某一类别、某一层次的学生群体提供个性干预,即分层教学;三是指借助信息技术,用技术系统来支持学情的数据收集与分析,并为教师的教学决策提供支持,即当前智慧教育的实施逻辑。

三、城乡同步课堂实施差异教学的策略

针对前文述及的困难,笔者在实践中探索尝试了在同步课堂中实施差异教学的策略,即课前协助发现差异策略、课中辅助关注差异策略以及课后相助缩小差异策略。

(一)协同备课,设计差异教学干预方案

在本实践中,同步教学采用一位主讲教师在本地课堂授课,同时辅助教师组织两个远端班级的学生通过同步教学系统参与的方式开展实施。要使教学兼顾所有学生的水平,主辅教师在教学实施前的协同备课与共同设计十分重要。

在操作时,主辅教师首先会各自对自己所教班级开展学情分析与需求调研,之后三方通过网络会议形式,共同交流各班学情,确立分层教学目标。在此过程中,三方相互熟悉教学流程,明确分工与职责,对于其中诸如实时互动等容易产生教学意外的环节,还要协商好紧急预案,为后续教学活动顺利开展做好铺垫。

在协同教学设计过程中,对学情的分析与差异化设计是一个重点。通常备课时,三方教师会针对汇总的学情划分若干个学生层次,设计阶梯式的预习任务单,以满足不同层次学生的预习需求。如《小英雄雨来》一课,团队将 A 层学生的预习任务设定为难读的词语注音,积累词汇;B 层学生除完成 A 层任务外还要求会以自己的方式朗读课文;C 层学生则在前两者的基础上,要求能正确给课文每部分分列小标题,完成导图。这种菜单式的预习

任务既兼顾了不同层次学生的起点,同时也为后续的差异教学组织提供了支架。

同步教学中,主讲教师只能隔着屏幕与远端学生对话,这种虚拟的互动形式容易使远端学生缺少临场感。为了让远端学生感受到课堂的"温度",提升"现场"体验,在实践中本团队也通过班级学习空间、QQ 群等方式增加与远端学生交流的互动,以破解两端之间的陌生感与距离感。同时,辅助教师也积极主动发挥桥梁作用,建立学生与主讲教师间的信任感,提升学生课堂真实参与感。

(二)双师授课,统分结合,实施差异教学干预

在教学过程中,采用主辅教师协同教学的方式。在教学组织上,努力做到统分结合,既做到整体教学主线的清晰明确,同时又能留出一定的空间让各层次的学生开展差异化学习。

教学实施过程中,主讲教师起着关键性的主导作用。授课时,主讲教师要依据教学方案灵活应对,密切关注两端学生的学情,掌控教学节奏。在教学组织上,通过设置不同层次的阶梯式学习任务等,给予不同层次学生共学的机会,让两端学生在共学平台上始终保持学习的热情。如教学《少年中国说》时,教师将课文中字词、节奏的教学,设计了两个梯度的朗读任务。对"读好四字词语""读准难读字音"这一类认知性学习任务,教师让两端低阶 A 层的学生互助展示,增强学生们学习的自信心;而对小古文节奏性朗读这一类理解性学习任务,两端学生以两两结对的形式逐阶协助反馈,提高每个学生的参与度。

辅助教师的作用同样重要。他们是连接主讲教师与远端学生的桥梁,既要承担课堂监管的职责,又要发挥引导学生积极参与课堂的作用。在实施时,他们通常会依据教学设计方案,提前熟悉教学主线与活动要求,配合主讲教师做好教学组织工作,同时也要在布置特定学习任务时适时介入,进

行个别指导,并将学生的学习情况与作业信息,通过手机反馈给主讲教师,便于后者了解学情或进行作业展示,实现异地活动的有效性。

在同步课堂中,如果单纯应用教师讲授、师生对话的方式来实施差异教学,则会受到沟通效率与课时长度等的重重限制。因此,本实践也对教学活动的创新进行了多种尝试,以比较有效的方式整合了小组学习和多元互动的方式。

由于同步课堂中各校学生在知识储备、学习习惯、学习能力等方面存在差异,教师采用构建学习合作小组的方式,将其作为同步课堂教学和学生共同探究的基本组织。具体做法是将两端学生分为两大组,一大组中包括若干小组,每一小组的学习成员又要包括不同层次的学生,以促进学生间的互助。教学时,各小组学生合作学习、汇报交流,同时在班级汇报环节,将展示机会适度地向远端学生倾斜。在随堂评价上同样也顺应这种小组学习方式的变化,教师使用即时反馈系统,除了对客观题采用个别评价之外,朗读、表达等需要主观评价的内容则主要依据小组代表发言、教师分组即时评价的方式,以此激发小组成员之间互助合作的内驱力。

(三)个性化作业延展课堂,师生互助缩小差异

差异教学的最终目的是促进每个学生在原有的基础上都得到最大的发展,促进自我教育。作业是学生学习效果最直接、最好的反馈。在课后作业的设计上,团队同样采用了差异化设计的策略,即根据学生对知识的掌握程度、思维的发展水平以及学习能力将作业布置分为A、B、C三层:A层学生只需完成基础作业,以巩固知识点;B层学生在完成基础作业的同时,尝试挑战个别高阶题目;C层学生的作业则偏重于学科知识的综合应用。

除此之外,针对学生在作业中出现的问题,教学团队也在对学生作业量化分析的基础上,找到共性问题与个别疑难问题,其中的共性问题由各校教师分别组织集中辅导,个别疑难问题则灵活采用多种方式,例如教师在课余

一对一或者一对多辅导,或开展"小师傅结对"活动,让班级中的优秀学生帮扶指导等。

四、小结

总的来说,在同步课堂教学中精准分析学情,实施差异教学,重视个别化指导,既有助于优化教师组合、发挥协同效应,也可以更好地落实教学目标。同时,充分尊重每个学生的特点,促进每个学生不断适应与超越,利用小组合作的机会,活跃课堂氛围,促进自我教育。

参考文献:

[1]傅伟平."互联网+"背景下网络同步课堂教学初探[J].教育与装备研究,2020,36(10):84-87.

[2]党丽群.小学语文差异教学的实施策略[J].新课程·教师,2014(08):154.

[3]刘小明.小学课堂差异教学策略的研究[M].广州:暨南大学出版社,2012.

[4]华国栋.差异教学论[M].北京:教育科学出版社,2001.

[5]曾继耘.差异发展策略研究[M].北京:首都师范大学出版社,2010.

[6]沈敏燕.对话:基于"同步课堂"的有效互动策略——以四上《牛与鹅》教学为例[Z/OL].(2021-04-13)[2021-06-15].https://mp.weixin.qq.com/s/33yjOUsJsOUYmKdW4FP0hA.

小学中高段语文名师专递课堂中的双师协作研究

宁波市江北区费市小学　何聪聪　应超婧

一、研究背景及问题的提出

自国家实行义务教育以来,我国基础教育取得飞速发展,但因受我国地区发展不平衡的因素制约,当前仍有一部分农村或偏远地区存在优质教育资源缺乏、师资力量薄弱等现象。为提升教育质量,促进教育公平惠及全体学生,落实《中国教育现代化2035》战略部署,教育部发布的《关于加强"三个课堂"应用的指导意见》指出,到2022年需全面实现"三个课堂"在广大中小学校的常态化按需应用。其中,专递课堂是专门针对农村薄弱学校和教学点缺少师资、开不出、开不足、开不好国家规定课程的问题而设置的解决模式。专递课堂借助信息技术手段,采用网上专门开课或同步上课、利用互联网按照教学进度推送适切的优质教育资源等形式,帮助薄弱学校开齐、开好、开足国家规定课程,促进教育资源共享,让薄弱学校的学生也能获取高质量教育资源,也为教师的专业发展拓宽途径,实现双方教师的专业成长。

随着专递课堂的落地实施,许多问题也逐步显现出来。首先,专递课堂的实施需要依赖技术,所以也受到技术因素的限制。一方面,网络延迟、卡顿等问题对于学生的学习体验产生了一定的影响;另一方面,薄弱地区师生的技术素养往往比较低,没有得到专门训练,所以在技术操作、网络应用方面也存在不足。其次,专递课堂往往采用同步上课的形式,一个授课教师需要同时面对几个班的学生,师生比很低,授课教师也无法顾及每一个学生,导致个性化学习无法实现。所以,要在实施过程中采用双师协作的模式,授课教师作为主讲教师,除此之外,同步上课的每个班级配备一个助讲教师,对课堂进行实时辅助和班级管理。但是想要达到良好的教学效果,对主讲教师和助讲教师之间的交流和协作要求很高,不管是课前的沟通、课上的协作还是课后的研讨,都需要主助教师在这个过程中分别扮演好自己的角色,相互配合完成专递课堂的实施。

二、专递课堂中双师协作模式建构

(一)双师协作存在的问题

经过前几轮专递课堂的实施,笔者发现专递课堂的实施过程中双师协作还存在很多问题:协作往往不深入、浮于表面,很多更像是为了完成任务,也有很多教师其实并不知道在专递课堂中如何进行有效的双师协作。总的来说,主要可以归纳为以下两点。

1. 沟通少,学情了解不足

在课前准备阶段,主讲教师与助讲教师之间缺乏固定且足够的沟通与协作时间,导致主讲教师对受援校学生的学情掌握不足,所以在进行教学目标、教学内容和教学环节等内容的设计时也缺乏系统性和针对性。这也就直接导致上课过程中,受援校学生学习情绪不高或学习效果不佳等情况。

2. 职责不明确

在课堂教学实施阶段，主讲教师负责课程内容讲解，而助讲教师往往只是进行技术支持以及课堂纪律管理，对于课程内容的辅助教学几乎没有。由于缺少可供参考的教学模式，很多助讲教师可能也不清楚自己在专递课堂里的定位以及需要完成哪些辅助工作。这也是造成受援端教学效果不够理想的一个重要原因，可能导致很多助讲教师在专递课堂的实施过程中缺少存在感，阻碍这部分教师的专业成长。

（二）专递课堂双师协作模式的建构与实施

基于当前的专递课堂实践，对已有经验及存在的问题进行总结，笔者建构了如下图所示的专递课堂双师协作模式。该模式将完整的教学过程分为课前、课中、课后三个阶段，每一个阶段都从主讲教师和助讲教师两个角度出发，说明每个阶段双方分别需要完成的任务，操作性较强。本文结合"互联网+"小学中高段语文专递课堂项目的实践，从以上三个阶段分层说明专

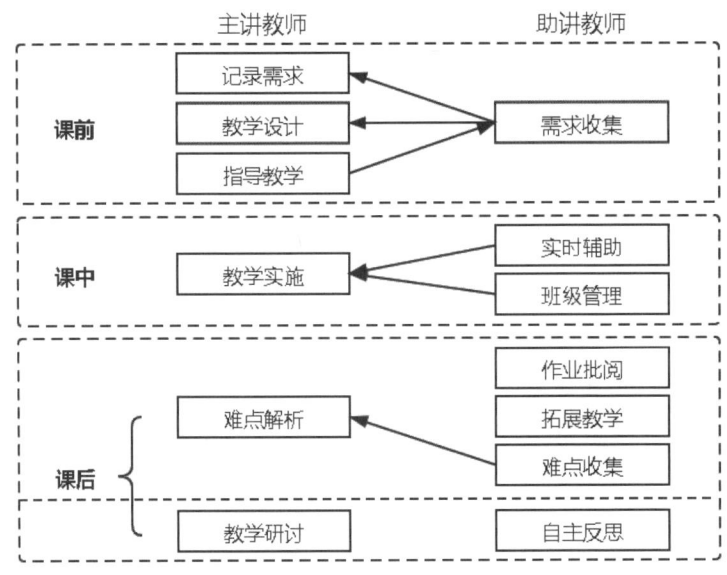

图 1　专递课堂双师协作程序图

递课堂中如何进行双师协作，以提高教学效果。

1. 课前协同备课

在课前，由两位教师共同协作完成教学设计。首先，助讲教师进行受援校学生的学习需求收集并反馈给主讲教师，主讲教师对学习需求进行记录与整理，在与助讲教师研讨后完成教学设计。教学设计完成之后，除了要让助讲教师了解整体的教学设计之外，主讲教师还应该将根据教学内容设计的、需要助讲教师参与的教学活动告知助讲教师，明确在每一个环节需要如何做好辅助工作。

例如在本项目实践中，主讲教师在助讲教师的辅助下，先通过线上看课、实地听课等多种方式参与到受援方的课堂之中，以便较为全面地了解受援方学生的学情。同时，助讲教师将受援校学生的学习需求、存在的难点以及可能需要重点讲解的内容告知主讲教师，主讲教师进行初次教学设计后再次与助讲教师进行研讨，敲定最终的教学设计。例如在部编版三年级语文《我变成了一棵大树》一课的研讨时，助讲教师向主讲教师反馈原先设置的教学目标是"能用自己的话讲出故事"，对于受援方学生而言，没有提供支架相对较难，于是双师基于学情共同修改了教学目标，并调整了相关的教学环节。教学设计定稿后，主讲教师根据教学设计告知助讲教师在课堂教学过程中需要提供哪些辅助，双方教师提前做好相应的课堂准备。

2. 课中实时辅助，记录学情

在专递课堂实施过程中，主讲教师进行教学内容讲解，助讲教师除了提供基础的技术支持和班级管理之外，更多的是需要对主讲教师进行实时的辅助以及学生学习情况的记录，以便后续相关教学活动的开展。

在本项目实践过程中，助讲教师除了需要及时在"钉钉"等平台上传主讲教师需要的实时教学素材及反馈学情之外，还需要对课堂内容进行讲解或对学生学习情况进行评价。例如前文中提到的"能用自己的话讲出故事"

这一教学环节中，考虑到受援方学生的情况，在实际教学中主讲教师先教授学生如何使用自己的语言叙述故事，并逐步由扶到放，提供多种方式鼓励学生进行尝试，最后由助讲教师进行现场评价，辅助教学，弥补主讲教师由于远端授课无法及时、有效评价的不足。

此外，前文中也提到，在专递课堂的实施过程中师生比低，个性化教学难以实现。因此，当学生掌握知识的水平差异较大时，会减少教学中小组讨论、大量书写的环节，而是将之安排在课前预习或课后补救中。例如部编版三年级上册《习作例文》教学中，由于受援方学生写作能力高低有差异，很难通过课内短时间的修改习作片段训练达到"写清事情经过""写清童年事件"的教学目标。因此，在专递课堂中，主讲教师通过提供典型的作文修改范本，给学生起到良好的示范作用，再由助讲教师在课中留白与课后补救阶段指导学生完成本课实践训练的教学任务。双师通过在不同环节协同教学，最终达成教学目标。

3. 课后拓展，交流反思

在课堂教学结束后，助讲教师需要批阅作业和收集难点，也就是专递课堂实施过程中记录下来的，以及批阅作业过程中发现的难点或易错点。助讲教师将其进行收集并反馈给主讲教师，主讲教师经过整合之后决定是否需要再进行线上的难点解析。除此之外，助讲教师还有一项重要的任务就是进行课程内容的拓展教学，弥补专递课堂有限的教学时间内没有讲解的内容。

在本项目实践过程中，专递课堂实施结束后，助讲教师总结受援方学生的学习情况，将记录上传至 AnyShare 平台，并在一定时间内再次观看专递课堂的回放进行摘记，形成一份更为详尽的课堂实录提供给主讲教师。主讲教师可以查看记录与课堂实录，将其作为后续教学的参考资料，设计与改进教案。在学习部编版五年级下册《猴王出世》一课时，由于教学进度限制，受援方学生无法在有限的时间内完成对学习内容的学习与摘记。因此在课后,助讲教师以小组为单位安排学生根据课件等资料整理笔记。在学生整理结束后,助讲教师把全班学生分为高、中、低三个不同学习层次进行问卷调查。调查结果显示,许多学生对于石猴和众猴的人物特点已经有了较为清晰的认知,学习难点主要集中于"掌握文章写法"与"把握关键字词"上。于是,双方教师在研讨之后共同设计随堂练习,让学生进行强化训练。

除了以上教学实施方面的协作之外,专递课堂的实施对于双方教师来说也是一次促进自我专业成长、进行自我反思的机会。通过线上交流平台,主讲教师、助教教师与本片区其他教师在课后会针对本次教学开展教学研讨。在线上交流中,主讲教师与助讲教师先后基于本次课堂教学分享课堂情况与相关反思,再由本区内其他教师针对双师反思提出一些建议,帮助双师改进。同时,本区教研员会根据实际情况举行线上或线下有关语文素养等资源的培训会,通过线上线下相结合,打破单一交流的局限性。

三、反思与小结

本文通过"互联网+"小学中高段语文专递课堂项目的实践,分析当前专递课堂实施过程中存在的问题,经过多次实践建构专递课堂实施模式与策略,从课前协同备课、课中配合、课后拓展与交流反思三个阶段明确双方教师各自的职责,促进专递课堂有效的双师协作,在提升学校教学质量的同时促进双方教师的专业发展。

当然,虽然经过多次实践,但当前专递课堂中也还存在许多不足。首先,支援校与受援校之间的沟通交流还不够多,不管是主讲教师与助讲教师之间,还是主讲教师与受援校学生之间,互相都不够熟悉。所以在后续的专递课堂实践过程中,需要创造更多交流的机会,例如,搭建在线交流平台或定期组织线下面对面的交流活动,进一步促进双方的了解。其次,专递课堂中的评价体系还不够完善,特别是对受援校的学生。主讲教师与受援校的学生通过一块屏幕进行连接,上课时间也非常有限,所以对他们的评价也会比较不全面。希望在后续实践中可以不断完善评价体系,在实践中发现问题、解决问题,共同促进教学质量的提升。

参考文献:

[1]兀勇,万文静.双师教学三段循环模式的构建与应用研究[J].中国电化教育,2021(02):83-88+96.

[2]李菁菁,程亚品."互联网+教育"环境下的教师角色定位分析[J].中国成人教育,2017(22):148-151.

[3]雷云鹤.基于预学习数据分析的精装教学决策[J].中国电化教育,2016(06):27-35.

[4]李郁君.以精准教学提升学生核心素养——《政治生活》中的"法定程序"教学[J].文教资料,2016(36):195-196.

[5]刘琬.城乡教育信息资源共享模式研究[J].教学与管理,2017(09):34-36.

[6]贺宇虹.共享发展理念下"双师课堂"模式的实施状况研究——以长沙市Y学校及其帮扶学校为例[D].长沙:湖南师范大学,2020.

[7]中华人民共和国教育部.关于加强"三个课堂"应用的指导意见[EB/OL].(2020-03-16)[2021-09-15].http://www.moe.gov.cn/srcsite/A16/s3342/202003/t20200316_431659.html.

[8]钟伊娜,钟志勇.交互影响距离理论下的"双师课堂"互动效果及对策分析——基于迪庆D中学的个案研究[J].学术探索,2020(12):138-145.

[9]周玉霞,朱云东,刘洁.同步直播课堂解决教育均衡问题的研究

[J].电化教育研究,2015,36(03):52-57.

[10]崔革.基于精准教学的交互式微课设计与开发[J].鞍山师范学院学报,2017,19(04):67-70.

[11]尹俊华.教育技术学导论(第三版)[M].北京:高等教育出版社,1996.

"互联网+"背景下小学英语
双师教学模式的实践

宁波市唐弢学校　陈麒

一、前言

（一）研究背景

当前，我国乡村师资队伍水平整体偏低，一些贫困县乡村学校尤为如此，存在教师水平参差不齐、骨干教师缺乏、人才流失严重、教师培训机会少、教师学习渠道单一、学科素养偏低和教学技能较差等问题。2015年，国务院办公厅在印发的《乡村教师支持计划（2015—2020年）》中指出，要把乡村教师队伍建设摆在优先发展的战略地位，要全面提升乡村教师能力素质，保障每个乡村孩子接受有质量的教育。乡村教育离不开乡村教师的坚守，而面对当前乡村师资力量匮乏的情况，唯有促进乡村教师的专业发展，才能切实提高乡村教育的质量。

随着我国经济的快速发展，不同地区、不同阶层之间的差距逐步拉大，教育公平问题进一步凸显，并愈来愈受到人们的重视。2010年，教育部发布的《国家中长期教育改革和发展规划纲要（2010—2020年）》提出了"形成惠及全民的公平教育"的教育目标和"促进公平、提高质量"的工作方针[1]。在义务教育阶段,教育公平主要体现在城乡教育公平上。城乡教育公平的实现,在一定程度上决定了我国教育的发展进程。

与此同时,互联网技术的深入应用为教育均衡发展开辟了新的途径。大数据、云计算、虚拟现实和 5G 等技术的发展,为教育教学的组织实施提供了便利,给教育信息化的建设提供了条件,促进了教育资源的传播,拓展了教育的时空,同时也为城乡教育的均衡发展提供了技术支持,开辟了新的途径。

（二）双师教学

教育部《关于加强"三个课堂"应用的指导意见》指出要"建立多方参与机制……构建共建共用、共享共赢的'三个课堂'应用生态"[2]。三个课堂,即专递课堂、名师课堂和名师网络课堂。而双师教学则是三个课堂实践中常见的组织形式,即在将名师课堂引入到乡村学校时,往往还会有一位该校的教师参与协同授课。通常情况下,名师主要负责网络主讲、指导乡村学校教师完成教学教研工作,乡村教师负责提前备课、整合课程资源、选择合适的教学模式、组织学生讨论、总结教学重难点、答疑、批改作业等。

这种双师教学的模式,将优质资源引入乡村学校,促进了优质教学资源的共享,为乡村学生提供了更优质的教育。同时,它也为乡村教师的专业发展提供了新的途径,乡村教师在协同教学的实践中,得以感悟先进的教育理念,体会优秀的教学方法,潜移默化地学习名师开展教学活动的思路、方法、技巧和经验等,从而反思并不断改进自己的日常教学。名师在协作的过程中也可以给乡村教师提供即时的指导,如备课、写教案、做课件等。这样的课课示范、天天培训,在一定程度上能提高教师备课的有效性、教学的针对性和辅导的精准性,最终帮助教师提升专业能力。

二、"互联网+"背景下小学英语双师教学策略

小学英语双师教学在课前、课中、课后都有不同的要求。在课前,线上教师与线下教师要先进行交流,后准备教学资源、制作教学资源,线下教师则负责组织学生进行预习;课中,进行课堂互动,验证学生的学习效果;课后,双线教师进行反思交流总结。双线教师的互动交流贯穿教学全过程,课例示范、边教边学的陪伴式教师培训都有效促进了线下教师的专业发展。

(一)课前调研,设计教学

课前,线上教师主要负责上课材料的准备和制作。线上教师要提前与线下教师进行交流和探讨,对网上课程材料进行教学设计,编写好教学辅助材料与配套练习,供线下教师选用。线上教师除了备教材和学生外,还需要备"另一师"、备衔接。线下教师主要承担学生学情的分析等辅助性工作。在教学开始前,线下教师要充分了解学生学情,关注学生动态,依据学生个人学习情况设计个性化学习活动,汇总后与线上教师沟通交流。通过双师协同备课,充分发挥"线下教师——线上教师"的联结作用,以此进一步完成预习任务的布置与组织、课用资料的选择等工作。例如,在教学《PEP 小学英语(六年级下册)》"Unit 2 Last weekend"中"Read and write"一课前,线上教师充分了解学情后,补充和拓展了教材文本,让学生进行延伸阅读。围绕教学内容中"酒店住店反馈"这一主题,线上教师不仅通过制作动画视频给学生展示真实的酒店房间情况,还添加了故事性的情节,让学生们可以根据文章内容和动画内容展开想象,激发学生的学习兴趣。

(二)课中互助,实时互动

双师教学中教学和管理相互分离,这样可以使双方教师分别集中精力于教学和课堂管理两方面,提升教学质量。在双师教学模式中,双师紧密配合,共同致力于课堂效率的提高。线上教师专注教学,主要负责开展以远程

直播为主的教学活动,从新课导入到新授内容的讲解,以及学生学习情况的及时检测等。例如,在教学"Unit 4 Story time"的新课导入环节时,老师在线上借助英文歌曲导入并创设情境——"假设你是 Zoom,要参加歌唱表演,你会怎么做呢?"这一提问能马上吸引学生的注意力,自然引导学生进入该课的故事情景中。双师教学中的线下教师则可以在课上实时观察学生的学习情况,进行学情监测,及时答疑解惑、处理教学突发事件等,协助线上教师管理课堂纪律,维护课堂秩序。线下教师在辅助线上教师开展教学活动时,观摩和学习是自我提升和学习的重要手段。在此过程中,教师要不断自我实践和探索,以此来提高自身的教学水平,最终实现教学效率的提高。

(三)课后研讨,总结反思

双师高效协同教学,各有明确分工。对于线下教师而言,在课后,要完成对学生学习效果的评价,以及实现自身专业能力的提升。线下教师要完成课后作业的批改,发现学生知识掌握的漏洞,记录学生学习情况,并及时反馈给线上教师,同时将学生学习效果、课堂观察情况和课后辅导情况等各项数据与线上教师交流讨论,实时掌握学情并及时调整下节课内容,完善教学设计,构成良性的教学效果。线下教师在体验线上名师课堂风采后,要在课后反思和总结名师的教学思路和教学方法,以此来提高自己的教学技能。对于线上教师而言,通过互联网平台,线上教师可以随时组织课后研讨活动,总结每一节课的亮点和不足,分享教学心得体会,分析教学思路和意图。双师借助互联网,通过共同的观课、研课和探讨,交流各自的观点和方法,努力以不同的方式实践双师教学模式。我校线下的英语教师与江北实验小学线上的英语教师在师徒结对后,每周都会开展网络同步教研活动,并设立一个以问题为导向的学习主题,两校教师交流教学心得与方法,共同探讨学情,深入交换教学感受,从不同的视角进行剖析,以此实现双师教学模式实践效果的最大化。在这个过程中,线下教师通过参加线上培训活动,在提升教学技能的同时,也能即时提出自己的需求和建议,以此协助线上教师更好地掌控课堂,完成教学任务。

三、结语

"互联网+"背景下小学英语双师教学模式的实施是实现我校教学效果提升,解决我校英语师资力量薄弱问题的新路径。在实现优质教育资源共享的基础上,一年的双师教学使学生学习的主动性得到了培养,课堂的教学效率得到了提高,更是一次对我校英语教师的言传身教。双师教学模式下的同步教研提升了学校英语学科的师资力量和整体教学水平。相信在"互联网+"的背景下,随着双师教学模式的进一步实施和完善,更多的乡村学校会从中受益。

参考文献:

[1]中华人民共和国教育部. 国家中长期教育改革和发展规划纲要(2010—2020年)[EB/OL].(2011-10-29)[2021-09-15]. http://www.moe.gov.cn/srcsite/A01/s7048/201007/t20100729_171904.html.

[2]中华人民共和国教育部. 关于加强"三个课堂"应用的指导意见[EB/OL].(2020-03-03)[2021-09-15]. http://www.moe.gov.cn/srcsite/A16/s3342/202003/t20200316_431659.html.

[3]汤敏. 用"双师教学"模式改造乡村教师培训[J]. 中国教师,2015(19):78-80.

[4]乜勇,闫慧聪,穆萍."双师教学":一种促进基础教育优质资源均衡发展的新模态[J]. 数字教育,2020,6(01):15-20.

[5] 国务院办公厅. 关于印发乡村教师支持计划（2015—2020年）的通知［EB/OL］.（2015-06-08）［2021-09-15］. http://www.gov.cn/zhengce/content/2015-06/08/content_9833.htm.

[6] 金煜良,柯清超,姚永安,等."互联网+教育"背景下的"双师教学"模式探索［J］.中小学电教,2017（Z1）：38-39.

[7] 王瑞刚.双师型辅教伙伴式课堂教学模式初探——教师教学实践共同体研究［J］.基础教学论坛,2016（21）：41-44.

[8] 王颖,王毓.互联网+基础教育新常态分析［J］.天津市教科院学报,2015（05）：28-31.

"互联网+"环境中探究式学习的设计与实施

宁波市江北区实验中学　曹戈

一、引言

当前,以互联网技术为代表的信息技术的高速发展与普及应用,为教育领域的创新探索提供了新的支撑。随着"互联网+义务教育"实践的深入,在"互联网+"环境中变革课堂教学,创新学生学习方式开始成为一个新的实践领域。

初中数学学科一直以来强调高度抽象的思维方式和形式化的逻辑推理,但在实践教学中,部分教师将数学教学放在割裂的情境中进行,容易让学生产生学习数学的目的就是为了解题的错觉。更有甚者会误以为数学就是华丽的技巧堆砌,是聪明人玩的智力游戏。这种认识使学生很难真正对数学学习产生兴趣。

已有研究表明,在课堂中重新构建数学学习的情境,将数学知识置于数学整体知识结构的脉络与问题解决的任务之中,实施探究式学习,可以帮助学生深入理解、把握数学知识的渊源,在学以致用的氛围中理解与建构知识。

2019年,笔者参与了所在学校与宁波市某农村偏远薄弱学校的结对帮扶实践,在数学同步课堂教学的实践中以《数学的魅力——像数学家一样思考是一种怎样的体验》为例对探究式学习的设计与实施进行了探索。

二、"互联网+"环境中数学探究式学习的设计

探究式学习强调将教学内容进行适当处理,巧妙融入科学性、综合性、应用性的学习任务情境,让学生在问题解决的过程中完成知识的建构与能力的发展,并借此培养学以致用的意识,促进其思维的发散性、创新性发展。从这个角度来说,设计探究式学习的关键在于从学科知识体系与核心素养发展的框架之下对教学内容进行分析与处理,创设融入教学目标的任务情境,并将能启发学生深层思维的探究活动作为学生知识建构与能力发展的支架,让学生在任务解决的探究过程中达成课程的学习目标。此外,探究式学习往往也需要为学生设计知识拓展的模块,以供学生在学习取得一定成果的基础上进一步发展提高。

(一)设计探究任务,创设探究情境

探究任务的设计是探究式学习设计的起点,也是探究式学习能否有效实施的重要保障。设计良好的探究任务,能够在较短的时间内引发学生的学习兴趣和探究热情,为后续探究活动的顺利开展做好铺垫。

在进行探究任务设计时,教师需要在整体课程知识体系的框架内,依据课程的教学目标和学科核心素养的培养要求,对执教课程的教学目标、教学内容等进行深入的分析处理,抽取其中的关键知识与能力要求,以此为主线来设计教学任务。在实践中,通常可以借助日常生活中的特定应用情境、社会的热点问题、影视剧中的片段等较容易引发学生学习兴趣的场景来进行任务的导入。

在互联网环境中实施探究式学习,可以利用互联网技术的优势来进行

创新设计。例如,可以使用翻转课堂的模式事先对学生进行探究的预热和情境的导入。在实践中,教师可以微课和学习任务单的形式,将教学目标陈述、探究任务介绍等预先分发给学生。在条件允许的情况下,也可以创设网络研讨空间,让学生就微课和学习任务单中的问题预先进行讨论,收集疑惑,为后续的教学实施提供支撑。这一方式可以让学生熟悉探究的问题情境,带着问题来课堂,同时也能在正式探究阶段较快地适应探索与研讨的氛围。

(二)探究学习活动设计

探究学习活动是探究式学习项目的核心元素,是指学生为了完成探究任务,需要完成的各种活动,在形式上包括数据收集、数据分析、推理演算、协作讨论、成果汇报等。

探究学习活动应扎根于任务探究情境,同时其最终的目标又指向探究任务完成以及教学目标的达成。因此在设计时,需要以任务探究情境为起点,并在设计时始终服务于教学目标的达成,而不是单纯追求活动形式上的新颖有趣。

一般来说,探究学习活动是一系列活动的组合,在顺序编排上通常采用循序渐进的方式,即将简单易做、主要定位于低阶认知能力的任务先行,逐步延伸到具有较高挑战性、强调抽象思维与高阶思维能力的任务上。

在活动的参与形式上,既可以采用个人自主完成的形式,也可以采用小组协作的形式。如果采用小组协作式,则最好在小组的构成上采用异质分组,每组3—5人的形式。在互联网环境中以同步课堂实施小组协作时,小组既可以由同一班级中的学生异质分组,也可以由不同学校的学生来组建。通常来说,校际建组更能为小组探究活动引入差异化的观点,但缺点在于校际小组在成员相互熟悉与适应上需要更多的时间,同时对于教师而言课堂管理的难度也会更大。

总的来说,相较于传统的课堂教学,探究式学习更关注学生主体作用的发挥。但由于在问题情境下探究的方向有可能存在多元的发展,在活动设计上,教师需要在充分发挥学生自主性的同时,在具体活动的设计上需要依据学科知识体系的要求,引入若干限制条件,使学生探究的方向不发生偏斜。同时在后续的活动实施过程中,教师也要担任好课堂主导者、学生支持者的角色,让学生在探究的过程中始终围绕主线。

(三)拓展延伸活动设计

拓展延伸活动是整个教学设计中最后,也是最复杂的学习活动,它是对前两个阶段的深化和提升。拓展延伸活动,顾名思义是对项目式学习中主要内容的拓展,它强调学生在课堂探究活动和知识建构基础上的后续发展。

一方面,课堂教学的时间总是有限的,在正式课堂中的项目探究过程中,教师在设计时往往只能聚焦主线,这有可能会导致部分知识点展开不足,学生在知识建构时的体系性和完整性存在偏差;另一方面,对于那些学有余力,同时对探究主题有浓厚兴趣的学生,也需要让他们以项目式学习的成果作为基础,继续发挥其探究热情和学习能力,使其知识结构和能力发展有进一步的提高。

在拓展延伸活动的设计形式上,应根据探究的主题、学生的特点甚至学生家庭和学校的学习、探究条件来进行灵活设计。通常情况下,可以指导学生在日常生活的情境中应用课堂所学的知识去解决现实问题,或者借助课外书、在线视频等进行拓展的学习。无论采用哪一种拓展形式,要发挥其作用,都需要对学生拓展活动的成果进行评定与反馈。在实施中,我们可以通过让学生撰写课程论文、非正式分享、课堂展示汇报等方式来开展实施。

三、"互联网+"环境中数学探究式学习实践案例

以下以笔者参与"互联网+义务教育"结对帮扶实践的项目为例,介绍

互联网环境中探究式学习的具体实施过程。本课案例中,支援校与受援校两个班级的学生均为初中一年级,需要重点解决的是相遇问题。本案例主要的设计思路是为两班学生创建探究性问题情境,通过对问题的初步思考,学生掌握学习课题,提出解决问题的各种假设,并通过数学工具验证假设,对学习的结果进行拓展、总结。

(一)问题情境的创设

课前,教师在"钉钉"平台创建线上讨论群,给定学习任务,在群里发布数学史微课——《柳卡问题》。柳卡问题是教科书上没有具体说明,但在做题过程中会遇到的知识点。同时,该问题也体现了数学家柳卡善于发现问题的精神。利用该问题可以激发学生的学习兴趣,培养学生的数学精神,丰富教师的课堂教学内容,促进学生对数学价值的认识。

之后,教师在讨论群中引导学生对微课中的内容提出疑问,例如"初始时刻航线上船只情况""一昼夜以后航线上船只情况""从纽约开出的船只情况"等,进而让学生分享解决问题的方案,如对船只进行编号,利用速度、时间、路程进行分步求解等。教师对群中学生的讨论情况进行记录、筛选,产生课堂讨论主题。

(二)课中探究活动设计与实施

课中探究活动的有序分步进行,是学生科学探究素质培养的重要途径,对学生科学探究意识、方法和精神的养成有着至关重要的作用。在正式课堂中,教师公布课程探究主题,依据讨论群中学生的观点进行分类组建探究小组。学生以小组为单位讨论、完善问题解决方案,发表并互相评价;教师总结评价学生的问题与方法,同时为学生提供新的数学工具,即利用图像法——柳卡图解决问题。使用 PowerPoint 制作柳卡图(如图1),每条线路由动画逐一呈现,因此学生能够清晰地了解解题过程。

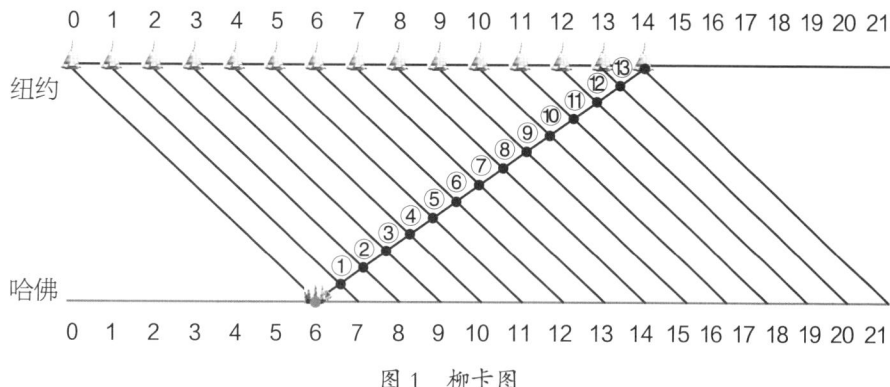

图 1　柳卡图

学生了解新的学习工具后,立即给予强化,提出生活中的游泳池相遇问题。学生利用新工具分解问题,形成解题思路,绘制对应图像,更直观地厘清解题步骤,最终得出相遇次数,解决问题。教师借此提出"无字证明"拓展延伸内容。"无字证明"是指仅用图像而无须文字解释就能不证自明的数学命题,它与柳卡图有极大相似之处,而应用范围更广,因此学生可以开阔视野,进一步提升思维能力,将基础知识转化为实际应用。

(三)课后拓展延伸活动设计

结合"柳卡问题"以及"无字证明"的数学原理,教师布置论文撰写主题,即为"圆周率等于四的悖论及全体自然数之和为负十二分之一"给出解释,同时给出要求与建议。学生仍以小组为单位分解任务,进行问题讨论、论文撰写,以使学生的课后学习不脱离课堂,并再次提升合作交流意识。教师适时安排时间用以小组汇报进度,有利于相互汲取经验教训,更好地开展下一阶段的工作,最终,学生形成完整论文,进行成果分享。

四、小结

在"互联网+"环境中,基于数学史的探究型课堂为支援校与受援校两方的学生创建了更加丰富有趣的数学课堂,受到了许多学生及家长的欢迎。结合数学史,营造了更加有趣的课堂氛围,两校学生更积极地参与课程,加深了学生对概念性知识的理解,增加学生对数学学科的学习兴趣以及学习自信心。探究式的学习活动培养了学生的科学探究意识,提高了其解决问题的能力;论文的撰写推动了学生的逻辑思维及表达能力的发展。

参考文献:

[1]莫里斯·克莱因.古今数学思想[M].上海:上海科学技术出版社,1979.

[2]胡鑫鑫.融数学史于中学数学课堂教学的思考[J].教育观察,2020,9(35):135-137.

[3]杨俭.浅谈在高中数学教学中渗透数学史教育[J].科学咨询(教育科研),2021(06):252-253.

[4]应湘.大学探究性课堂教学模式初探[J].电化教育研究,2005(10):45-47.

[5]吴春霞."互联网+"时代下应用微课提高小学高年级数学教学有效性的研究[J].数学学习与研究,2019(24):69+71.

[6]Hefendehl-Hebeker, Lisa. Negative Numbers: Obstacles in Their Evolution from Intuitive to Intellectual Constructs[J]. For the Learning of Mathematics, 1991, 11(01):26-32.

[7]Howson, Albert Geoffrey. A History of Mathematics Education in England[M]. Cambridge:Cambridge University Press,1982:87-92.

"互联网+同步课堂"环境中练习课分层教学的研究与实践

宁波市江北区新城外国语学校　施梦娜

一、研究背景及问题的提出

随着教育信息化的不断推进,"互联网+同步课堂"逐渐成为促进城乡学校协同发展的重要举措。同步课堂中,支援校教师在远程直播技术支持下同时对支援校和受援校两校学生授课,但同步课堂学习者人数多、水平参差不齐、远程交流不够流畅等特点,影响着同步课堂教学质量的提升。特别是练习课,大量的练习凸显了学生间的差异,加大了不同学习水平学生学习进度的差异,加大了有效教学干预的实施难度。

在这一背景下,对不同层次学生实施针对性教学,有助于教学目标的全员落实。分层教学源于布鲁姆的掌握学习(Mastery Learning)理论,核心是通过调整教学进度,让学生能够按照自己的节奏前进,以适应学生的学习起点与特点,进而系统地改善教学效果。"互联网+同步课堂"环境中,通过在练习课中实施分层教学,为学生提供不同层级的练习,可以提高学生的参与度与教学有效性。

二、"互联网+同步课堂"环境中练习课分层教学策略设计

分层教学的思想十分简洁明了,重要的是将它转化为具体的操作程序,并落实到具体的教学实践中。已有研究表明,以学生为中心的课堂设计、作业选择、促进者的教师角色、课堂管理、学生的学习责任感和有目的的家庭作业是分层课程教学模式的重要因素[1]。结合"互联网+同步课堂"及练习课的特点,本研究重点关注在练习课中以合理的维度进行学生分层,为不同层次学生设计梯度作业,以及开展与之匹配的评价与指导。

(一)根据学生综合水平进行组内分层

学生分层是实施分层教学的起点,也是教学设计的关键环节。现阶段的分层教学实践中大多以学生能力作为分层依据,即针对不同能力水平的学生设定不同教学目标。例如北京市第七中学的分层教学模式,为不同学习水平的学生制定不同层次的教学目标、课堂任务、问题和课后作业,以实现不同水平学生在原有基础上的提升[2]。

本研究在此基础上提出了基于学生综合水平进行组内分层的方式,避免因学生分层方式运用不当打击学生的进取心和积极性,以及教师因分层而对学生形成定势思维,影响教学的公平性。

在实施分层时,本研究先由支援校与受援校教师根据学生的学业成绩、学习态度、学习兴趣等,采用学生自评和教师评价相结合的方式,将两校学生划分为若干层次,把相同水平的学生分配到不同学习小组内,每组包含各层次学生,各层次的成员都能在其他组中找到相对应的竞争对手,以便采取竞争的方法促进发展。

(二)依据分层开发可选择的梯度练习

在设计分层练习时,应避免"一刀切""齐步走"的作业布置模式,允许学生顺次实现教学目标,在学习材料、学习方法、达标期限上有所选择,也鼓

励学生在实现统一目标的基础之上争取个性化发展。

在本研究中,两校教师协同为各小组设计难度相同、主题不同的练习,组间不存在差异,但对组内成员有不同要求。作业根据所达到的目标的不同分为 A、B、C 三层:C 层考查所有学生都必须掌握的基本知识,作业类型主要包括提交学习笔记、教科书中的练习题等;B 层的目标超越课堂教学目标,侧重于学生知识点的应用和分析能力,作业类型包括向教师解释、全班讲解等;A 层则在前两层的基础上重点考查学生综合解决问题的能力,作业形式包括口头报告、解决问题等。

除此之外,教师对小组的作业完成也有明确要求。首先是 C 层练习必须完成,确保每个学生都能完成最低要求;其次,对各组 C 层练习完成情况展开评比,以组间竞争激励组内协作,高水平学生带动低水平学生学习;最后,对 A、B 层次的练习,不纳入组间竞争,鼓励组间成员通过合作协商完成某些高难度的练习。

(三)实施过程性与总结性相结合的评价

对学生的学习进度和知识掌握程度进行持续评价,并针对学情提供即时支持是确保教学效益的重要方式。在本研究中,同时采用过程性评价和总结性评价来检测学生对知识内容的掌握程度,并按照学生日常作业完成水平、单元测试和期终测试分数等对学生学习绩效进行量化。学生的分数越高,说明其对教学内容的掌握程度越高。

其中,过程性评价主要针对的是学生日常分层练习的结果。一方面,对于不同类型的作业设置不同分值,A 层任务分值最高,C 层最低;另一方面,根据任务的完成情况、目标达成度等维度进行综合评价并量化。总结性评价则是在单元或学期结束后采用统一测试的方式开展。无论是分层的过程性评价还是统一的总结性评价,都是为了确保所有学生都能掌握基本知识,保障分层教学的质量。

三、"互联网+同步课堂"环境中练习课分层教学案例

以下结合研究者的实践案例,说明这一练习课分层教学模式的实施。案例中,支援校与受援校两个班级学生共85人,均为小学四年级学生。

(一)学生分层

两校教师协作,根据学生的学习成绩,以期初摸底、期中测评和期末测试成绩作为主要参考和时间节点,同时通过向学生分发学习态度、学习兴趣、逻辑思维能力量表以及学生自评量表进行评价,最终确定A层次的学生人数为27人,B层次40人,C层次18人。

结合前期教学经验以及家长、其他学科教师、班主任的访谈,总体感觉A层次学生的特点是学习勤奋、兴趣浓厚、注意力集中、记忆力较强、反应敏捷、有综合思维能力;B层次学生的特点是有一定的学习积极性、比较勤奋、注意力易集中,在教师指导下能综合掌握某些知识;C层次学生的特点是基础差、仿练题也需要老师反复督促、指导,学习兴趣差、注意力不集中,需要在教师指导下做笔记,在教师适时辅导下才能完成学习任务。

在进行学生分组时,每一小组内包括一两个A层次和C层次学生以及三四个B层次学生,希望借这一异质分组促进组内的同伴互助。但是分组结束后,分层信息对每个学生是隐匿的。

(二)设计梯度性练习

梯度性的分层练习设计是实施精准教学的重要保障。对应学生的分层,本案例中研究者也相应设计了三个层次的练习。

第一层次的练习定位于学科知识的直接应用或简单迁移,主要来自书本中的"做一做"板块以及作业本中的"基础练习"板块等,要求C层次学生人人都要做,使这一层次学生在掌握基础知识的同时,也能体验到成功的喜悦;第二层次的练习需要综合运用知识解决问题,是变式习题或稍带灵活

性的习题,定位于数学逻辑思维的训练,由模仿性学习向更高的自主学习进行转变,要求 B 层次学生必做,C 层次学生选做;第三层次的作业主要是课堂知识的延伸和拓展,关注学生系统思考和创新思维能力培养,通常为一题多解、一题多变、思考题以及开放性的问题解决任务。

课堂中布置分层次练习的步骤如下:

1. 布置 A 组学生新课学习任务以外的新的探究任务,发挥他们的潜力,在学有余力的同时对知识进行适当拓展;

2. 组织 B 组学生完成课堂作业,让他们独立解决课本中的一些实际问题,促进新知识的理解与掌握;

3. 对 C 组学生进行课堂指导,布置基础性练习,让他们学习掌握基础知识。

(三)过程性评价结果的应用

在实施过程性评价中,在对结果的应用上同样采用了针对不同分层实施针对性评价的策略。

具体做法是对 A 层次学生评价结果采用横向比较,鼓励他们与其他优秀同学进行比较,培养竞争意识,使他们对自己有更高的要求,更加严谨、敢于拼搏;对 B 层次学生采用横向与纵向比较相结合的方式,既指出不足,又指明方向,使他们不甘落后、积极向上;对 C 层次学生主要采用垂直性评价,鼓励他们与过去的自己比较,不断超越自己、有所进步。

四、成效与反思

经过两个月的教学实践,在分层教学实施期间,共进行了五次测试。以此为参照,受援校学生的数学成绩得到了明显提升,有效减少了两校学生之间的差异(如图 1)。

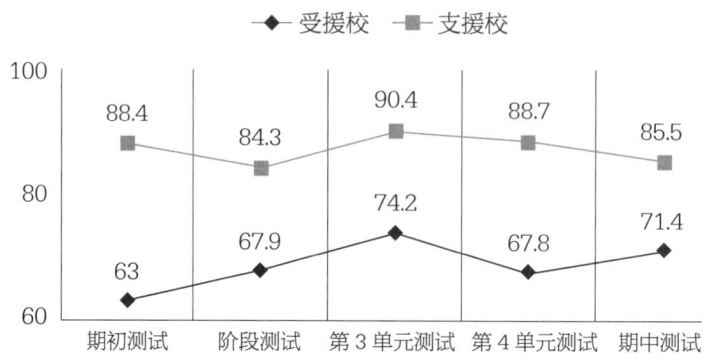

图 1　受援校与支援校学生学业成绩变化

此外,综合两校所有学生的评价结果发现,A 层次的学生学习成绩与学期初基本持平,B 和 C 层次的学生学习成绩较学期初均有明显提升(如图 2)。这说明这一分层教学的方式对于中、下层次学生成绩的提升作用十分明显,至于 A 层次的学生有可能本身就具有较强的学习动力与能力,提升反而不明显,也有可能是测试主要基于课程教学目标,对于创新思维等能力的检测不足所致。

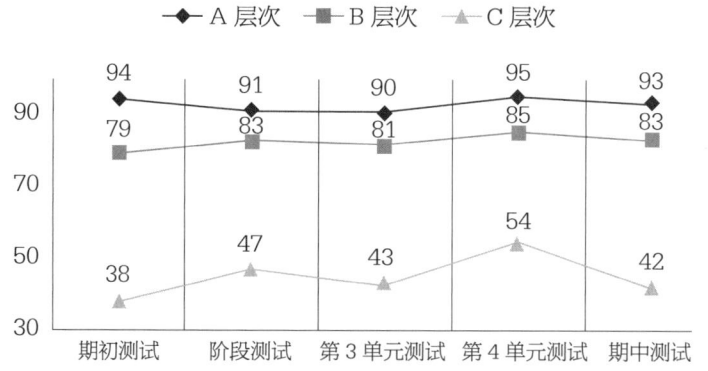

图 2　A、B、C 三个层次的学生学业成绩变化

总的来说,结合学情与学科知识特点,以分层方式进行练习课教学,可以在班级授课制情境下,构建以学生为中心的教学模式,提高教学干预与学

生需求的精准匹配,对于学生的数学能力发展产生了明显的成效,实现了同步课堂教学质量的提升。

参考文献:

[1] Nunley, Kathie F. Layered Curriculum Brings Teachers to Tiers[J]. Education Digest, 2003, 69 (01): 31-36.

[2] 王旭明. 分层教学模式的实验研究[J]. 学科教育, 2002 (02): 10-14.

[3] 毛景焕. 谈针对学生个体差异的班内分组分层教学的优化策略[J]. 教育理论与实践, 2000 (09): 40-45.

[4] 金一, 王移芝, 刘君亮. 基于混合式学习的分层教学模式研究[J]. 现代教育技术, 2013, 23 (01): 37-40+27.

3 CHAPTER THREE
"互联网+"助力学习方式变革

"互联网+同步课堂"受援方学生内部学习动机现状研究

宁波市江北区灵峰学校　林佳
浙江师范大学教师教育学院　王怡

一、研究背景及问题的提出

"互联网+同步课堂"(以下简称"同步课堂")是指借助远程直播技术,将面向本地课堂的面对面教学与面向异地课堂的网络教学有机结合起来,形成的一个虚实结合的课堂教学环境[1]。同步课堂包括支援校与受援校两端,主讲教师一般由支援校教师担任,负责两校或多校学生的教学。目前,对于同步课堂的研究主要集中在教学模式的构建,面对同步课堂中的互动缺失等问题主要采用优化组织机制和互动策略等方法应对,缺少从学生学习心理角度出发的探析。除此之外,少量研究开始验证同步课堂的实施成效,主要是分析支援校与受援校学生的学业成绩变化,发现受援校学生成绩相较于常规教学的同水平学校学生有明显提升[2],但缺少对受援校学生学习心理现状的关注。

内部动机来源于个人内部或活动本身,显著影响个人的行为、绩效和幸福感。内部动机的测量对于检测学生学习的投入度也十分有必要,因为它表明个人在不受任何外部奖励影响的情况下自愿、持久地完成某项任务的程度。因此,内部动机作为影响学生学习行为的重要因素,有必要成为同步课堂现状研究中关注的重点。此外,城乡学生的学习动机之间原本就存在差异,在小学阶段农村学生的内部学习动机低于城镇学生[3]。因此在同步课堂实施和研究过程中,受援校学生的内部学习动机也是两校教师需要关注的关键因素。了解受援校学生内部动机现状,也能够为解决同步课堂中师生互动缺失问题、提升同步课堂教学效果提供新视角。

二、研究方法

(一)研究对象

以某同步课堂受援校学生为研究对象,选取该校参与同步课堂授课的小学生共133人。其中,二年级27人(20.3%),四年级85人(63.9%),五年级21人(15.8%)。男女比例也比较均衡,女生占45.9%,男生占54.1%。二年级学生参与了语文、数学两门学科的同步课堂授课,五年级学生只参与了语文学科授课,四年级学生中只参与语文学科授课的有54人,只参与英语学科授课的有31人。

(二)研究方法与工具

在同步课堂全部课程结束后,对不同年级发放内部动机量表,调查学生在同步课堂上的学习动机。在编制问卷时,受援校教师会参与问卷的编制过程,以确保量表题项的可读性。同时在发放问卷前,教师也会向学生说明问卷的填写注意事项,以确保学生数据填写的准确性。

测量小学生学习动机的量表来自Leng等人在2010年编制的内部动机量表,该量表基于Deci和Ryan的内部动机量表(Intrinsic Motivation Inventory)修订而成,修订后语句更易懂,更适用于小学生自测其内部动机。量表为七点李克特式,分为兴趣/爱好,自我效能感,努力/重要性,压力/紧张,感知选择,价值/有用性等六个维度,Cronbach's α值分别为 0.678,0.693,0.636,0.776,0.610 和 0.814,总量表 Cronbach's α 值为 0.875,信效度良好。

三、"互联网+同步课堂"受援方学生学习动机现状

(一)同步课堂中学生的内部学习动机现状

为了了解受援校学生在同步课堂上的学习动机,分别对参与同步课堂授课的二年级、四年级和五年级学生进行了调查,如表1所示。结果发现,同步课堂受援校学生内部动机处于中等偏高水平,学生对同步课堂的兴趣和感知有用性处于较高水平,而在同步课堂中感知到的可选择权较低,学生对是否参与同步课堂中的活动或参与某项活动缺少选择权。

表1 同步课堂中学生内部动机现状描述统计表(n=133)

	最小值	最大值	均值	标准偏差
兴趣/爱好	21	49	43.08	6.585
自我效能感	10	35	27.66	5.769
努力/重要性	12	35	28.12	6.015
压力/紧张	5	35	27.34	7.363
感知选择	3	21	14.58	5.339
价值/有用性	9	28	25.29	4.297
总动机	97	203	166.08	24.831

(二)同步课堂中学生内部学习动机的年级差异

统计发现,二年级学生的动机水平最低,五年级学生的动机水平最高,如表2所示。在总动机($F=6.589, p=0.002$)、努力/重要性($F=7.717, p=0.001$)、压力/紧张($F=6.870, p=0.001$)方面,年级差异极其显著;在兴趣/爱好方面,年级差异显著($F=4.339, p=0.015$)。相较于其他年级的学

生,二年级学生对同步课堂中的学习活动不感兴趣,认为自己不太能够胜任同步课堂中的学习活动,因此付出的努力也较少,在同步课堂中也更容易感到紧张、焦虑;四年级学生与二年级学生相比,更积极地参与同步课堂中的活动,也不容易感到紧张,总体来说内部动机更高;五年级的学生相对于二年级和四年级学生,明显对同步课堂中的活动更感兴趣,更不容易感到紧张和焦虑,也投入了更多精力完成同步课堂中的活动。

表2 同步课堂中各年级学生内部动机的方差分析

	二年级(n=27)		四年级(n=85)		五年级(n=21)		F
	M	SD	M	SD	M	SD	
兴趣/爱好	40.59	8.446	43.13	6.067	46.10	4.582	4.339*
自我效能感	27.04	5.273	27.31	6.044	29.90	4.878	1.934
努力/重要性	25.26	7.694	28.12	5.408	31.81	3.696	7.717**
压力/紧张	22.93	7.864	28.22	7.179	29.43	5.173	6.870**
感知选择	14.33	5.342	14.39	5.482	15.67	4.830	0.515
价值/有用性	24.81	3.903	24.96	4.727	27.24	1.868	2.630
总动机	154.96	21.855	166.13	25.578	180.14	18.053	6.589**

注:* 表示 $p<0.05$;** 表示 $p<0.01$

(三)同步课堂中学生内部学习动机的性别差异

在同步课堂中,小学女生的学习动机显著高于男生($t=2.237$, $p=0.027$),内部总动机差值为9.521,其余各项分量表中女生得分也均高于男生。努力/重要性和感知选择两项得分显著高于男生($t=2.809$, $p=0.006$; $t=2.239$, $p=0.027$),说明女生更看重同步课堂,在其中投入了更多精力,同时在同步课堂中感知到的可选择权相较于男生也更大。

性别差异程度在不同年级的学生中也有所不同。在二年级和五年级学生中,虽然女生在各项动机中得分高于男生,但不存在显著差异;而在四年级学生中,在努力/重要性($t=3.574$, $p=0.001$)、压力/紧张($t=2.464$, p=0.016)、感知选择(t=3.053, p=0.003)和总动机(t=2.741, p=0.007)上,女生均显著高于男生。

四、讨论

本研究发现"互联网+同步课堂"受援校学生学习内部动机处于中等偏高水平,但受援校学生感知选择权偏低,只是同步课堂学习活动中的被动参与者。针对此种现状,受援校与支援校两校教师需要为受援校学生提供更多选择,例如,让学生主动选择具体的讲解内容、直播画面的显示形式、提问形式等,让受援校学生积极地参与同步课堂授课,成为主动的信息接收者。

除此之外,统计数据发现二年级学生的内部学习动机显著低于四年级和五年级的学生,也更容易感到紧张和焦虑,这可能是由于二年级的学生更依赖于现场的学习氛围。因此,在授课过程中需要对受援校二年级的学生投入更多关注,增加一些活跃气氛、降低学生紧张感的活动,或者适当减少同步课堂授课次数。四年级学生中,女生的学习动机显著高于男生,在同步课堂中付出的努力也更多。因此,教师需要引导男生理解同步课堂学习活动的重要性,使其在同步课堂活动中付出更多努力。

参考文献:

[1]雷励华,左明章.面向农村教学点的同步互动混合课堂教学模式研究[J].电化教育研究,2015,36(11):38-43.

[2]杨俊锋,崔丽霞,吴滕,等.混合同步网络课堂有效性的实证研究[J].电化教育研究,2018,39(12):50-56+77.

[3]王有智.城乡中小学生学习动机差异的比较研究[J].陕西师范大学学报(哲学社会科学版),2003(02):121-128.

同步课堂中的学生参与及其提升策略

宁波市江北区中心小学　王莹莹

一、概述

《国家中长期教育改革和发展规划纲要（2010—2020年）》指出，要加快宽带网络更新换代，国家要充分利用先进技术，开发与应用优质资源，构建高效、先进的网络教育资源体系，其实质是要利用互联网等信息技术，优化教育资源配置，促进区域教育资源均衡发展。当前，我国各地正在实施国家教育资源公共服务平台建设应用，以及同步课堂、专递课堂等形式促进教育资源共享的探索与实践。但是，在实践中依然存在一些难题，例如学生对同步课堂情境的适应性、参与度有待提高，教师在同步课堂中如何为学生提供有效的支持等。

同步课堂是在互联网环境下融合网络教学与课堂教学的双师课堂，打破了传统的教育模式。在这一情境中，教师的授课方式、学生的学习方式均与传统面授课堂有所差异。任何的教学，只有了解学生的学习体验和真实想法，有针对性地设计教学策略，并引导学生深度参与，才能提高学习效率。

"学生参与"（Student Participation），也叫"学习参与"，最早于20世

纪80年代由Astin提出，20世纪90年代Newman对其做了进一步发展。它强调学生从行为、情感和认知层面参与课堂的活动情境，这种参与是一个连续性的过程。一般来说，有效的学生参与就是在学生行为参与的背后，隐含着学生积极的情感参与和深层次的认知参与。学习参与度高的学生在课堂上表现为全身心的、积极的、连续的投入，并在参与过程中乐于与他人沟通；而学习参与度低的学生在课堂上则表现为注意力不集中，情绪烦躁、低落，不愿与他人沟通。

在课堂教学中，学生的有效参与十分重要。Astin指出，"学习者在教学活动中的参与决定其课业成绩的进步程度"[1]。也就是说，学习参与直接影响学习者的学习效果与质量。因此，辨识、分析学生的课堂参与并实施有针对性的策略十分重要。Newman认为，课堂参与兼有定性和定量特征，学生在课堂上表现出来的行为和情感是教师了解学情的重要依据之一。当教师在课堂上发现学生普遍表现出消极的行为和情感时，教师可以调整教学环节和教学形式。在学习参与的引导上，Astin认为"任何在教育中起到积极促进作用的行为，对学习者学习参与的产生都可以起到提升作用"[1]。现有研究也证实，教育政策和教育实践的有效性与学生参与直接相关。

基于上述思考，本文通过课堂观察法对同步课堂的学生参与现状以及存在的问题进行了研究，在此基础上提出了促进学生深度参与同步课堂的方法与策略，为提高同步课堂教学成效提供新思路。

二、同步课堂中的学生参与现状及提升思路

（一）同步课堂中学生参与现状及挑战

与传统面授课堂一样，学生在课堂中的参与是影响其学习绩效的重要因素。当前的同步课堂实施中，学生特别是远端教室中学生的参与情况有

待研究与改进。这主要表现在学生在行动上的表面参与多于认知层面的深度参与,而在情感层面的参与,或者说学生在情感上对于同步课堂以及授课教师的接纳、信任,更难以保证,甚至有部分学生在同步课堂这样尚未成熟的学生管理模式的课堂中,连行为参与都无法保证。

究其原因,是同步课堂作为一个基于互联网环境来实施的教学情境,在学生参与的引导上会存在一些现实的挑战。

首先是师生比的限制,使得教师同时关注所有学生,并引导其深度参与的难度更大。因为关注个性化学习与班级授课制统一的教学进度,这一矛盾在同步课堂中会更加明显。

其次是因为同步课堂中的授课教师与大多数学生缺少现实中的交流,彼此的了解与信任不如面授课堂中深入,使得同步课堂中的学生,特别是远端的学生课堂参与缺少了认知与情感基础,同时也使教师无法充分实施适宜的、情境化的策略来引导学生参与。

最后是在以技术为中介的课堂教学环境中,可能会存在诸如延时、信息呈现方式的限制等问题,影响学生深入参与课堂活动,甚至干扰教学活动的有效开展。此外,技术设备本身也会成为干扰学生注意力、影响课堂参与的因素。例如,个别学生会出于好奇关注到屏幕另一端与课堂教学无关的人或事,并因此走神。

(二)提升同步课堂学生参与的指导思想

要引导并提升学生在同步课堂中的参与积极性,需要综合学生学情、教学内容、学校教育文化等方面的因素进行干预,其中最重要的是教师的教学设计与实施。在本研究中,主要的思路有以下几点。

第一,确保两端学生全员公平参与。教师在备课和授课的过程中,应当给予远端学生更多的关注,因其原有基础、学习能力和心理距离上都更需要教师的指导,教师应当为其提供更多行为参与的机会,在课后也要及时追踪作业完成情况，了解学生对知识的掌握和自身知识体系的重构情况，协同助教教师根据实际情况及时巩固教学效果。当然，教师同样不能忽视本地学生在行为、认知和情感上的参与，要借助课堂纪律维护、情感联系等创设更令学生信任的教学情境，引导他们认真倾听远端同学的发言，以主人翁的姿态投入课堂。

第二，尊重并有效利用两端学生的差异。教师在运用上述策略时不必刻意追求参与行为数量上的公平，应正视两端学生在学业水平、学习能力上的差异，并善于利用这种差异来创设兼顾多种层次的教学情境。例如，借助两端学生在回答同一个问题、完成同一项任务时存在过程和结果的多样性，来设计同步研讨、小组交流的教学活动，使学生的客观差异成为各自学习发展的生成性资源。

第三，一切策略指向教学目标的达成。教师在同步课堂的教学中应该始终了解，所有的教学活动、策略与组织，应指向教学目标的达成。为了学生更好地达成课程教学的目标，尤其是认知层面的知识建构与情感层面的认同，不应一味追求多媒体信息技术的丰富华丽，而忽视对学生学习专注度的培养；不应一味追求活跃轻松的氛围，而忽视教学的严肃性和专业性；不应一味追求新颖多样的学习组织形式，而忽视扎实的方法指导。

三、提升同步课堂学生参与的策略

（一）善用技术，创设全员参与的课堂环境

同步课堂借助互联网技术构建了连接本地与远端教室的教学情境，并为两端的师生互动提供支撑。在这一数字化的教学情境中，也可以方便地整合一些专用于师生互动与课堂参与的教学软件，来创设全员参与的技术环境。

在本研究中，我们采用了智慧教学软件 HiTeach，为每一个参与同步课堂的学生配置一个应答器，并将来自本地和远端教室的学生分配至同一个虚拟班级，形成全员参与的师生互动系统。例如，在教学三年级上册《总也倒不了的老屋》时，教师将随堂检测题导入系统，要求两端学生通过应答器选择5个问题的答案。在学生做出选择的同时，软件也同步完成了问题的选项统计。教师根据学生的选答情况，对错误相对较多的选项展开拓展教学，对于错误相对较少的选项，则要求学生再次思考或课后单独讲解，促进了学生参与，提高了课堂效率。

（二）建立情感连接，营造学生信任的课堂教学氛围

自信的表达、积极的态度和深入的思考都建立在师生相互信任的情感基础上。为了奠定这一基石，授课教师在首次教学前均会设计15—20分钟的"破冰"环节，通过游戏、情境等导入教学，增进两端师生彼此间的了解，并为同步课堂的教学营造轻松愉悦的氛围。

为了增进两端师生的了解，在本研究中，授课教师和助教教师会共同承担备课和课后的作业批改，并及时沟通学情，尤其是授课教师要在仔细研读课标的基础上，根据远端学生的学习程度和学习能力，针对不同的教学内容选择不同的教学组织形式。以统编语文教材三年级下册的《陶罐和铁罐》第1—9自然段陶罐和铁罐的心理变化为例，其中陶罐的心理变化较之铁罐不够明显，课文中甚少有相关的提示语，因此对学生，尤其是远端学生而言，体会陶罐的心理变化比体会铁罐的心理变化要困难得多。于是，在同步课堂上，教师集中教学了陶罐从"谦让"到"不卑不亢"，再到"忍让"，最后到"不愿理会"的心理变化，小结出体会人物心理要关注人物神态、语言的方法，为后续两端学生用这一方法学习铁罐的心理变化提供帮助。

另一个值得关注的点是对课堂中学生应答的合理处置。学生对教师提问的回答可能会片面、不完善，甚至也可能是完全错误的。授课教师在应对

此类学生的回答时,要注重正向引导,保护学生的自尊心。这不仅可以维护这些学生参与课堂活动的积极性,同时也会让其他学生在课堂中拥有安全感和信任感。

（三）变革课堂组织形式,以小组学习引发同伴学习

不只是教师,同学也是学生参与课堂的互动对象。在同步课堂上,生生互动可以作为师生互动的重要补充,可以有效扩大两端学生的参与面。同时,相较于教师"满堂灌"的教学形式,富有变化的学习形式能够在一定程度上避免学生产生厌烦的情绪。

借助小组学习,一方面通过由"扶"到"放"的教学过程,调动了绝大多数学生的行为参与;另一方面也借助自主学习、合作共学、全员呈现的流程,调动了学生的认知参与。而教师则可以通过巡视、全面掌握学情,使学习指导更加精准。

在实施中,教师会根据学生个体差异合理分组,在确保各小组整体学业水平和学习能力大致平衡的前提下实施差异分组。在小组学习的应用策略上,本文作者采用了组内合作、组间竞争的方式。组内合作指的是引发小组中表达能力强的学生带动表达能力弱的学生,思维活跃的学生带动思维较迟缓的学生。组间竞争则指小组之间开展竞赛,并使竞赛结果可视化,以充分调动学生的行为参与和情感参与。涉及的竞争项目包括发言、表演等课堂参与行为,也包括坐姿端正、不说空话等课堂规范。当两端学生处于相同的竞赛体系时,他们对彼此的认同感也会加强。

参考文献：

[1]樊枝玲.智慧课堂中学习参与的激发策略研究[D].金华:浙江师范大学,2019:15-17.

[2]毛誉烨.高中数学课堂中学生参与度影响因素研究[D].上海:上

海师范大学,2019.

[3]邓雅文.积极心理学视域下远程同步课堂学生参与度研究——以康定中学为个案[D].南充:西华师范大学,2019.

[4]刘玉萍.小学英语教学中促进学生课堂参与的策略研究[D].武汉:华中师范大学,2011.

基于学习共同体的在线教学设计

——以《遨游汉字王国》一课为例

宁波市江北区新城外国语学校　毛燕

一、研究背景及问题的提出

（一）在线教学与学习共同体

随着教育信息化不断推进,"互联网+"逐步深化应用至教育领域,成为变革教育教学实施模式的重要力量。新冠肺炎疫情突发后,在线教学作为一种新型的教学组织方式,开始为更多人所熟知。在线教学是一种以信息技术为中介的教学组织形式,在信息呈现、教学资源分发归档等方面有独特的优势,但是为教学管理、教学组织、课堂互动等方面带来新的挑战,无法照搬线下课堂的策略,需要以新的思路来应对。

从社会学的角度来说,在线教学中的师生共同存在于一个虚拟的在线教学情境,构成了一个在线共同体。本文认为,在线教学中的共同体实质上是一个特殊的"班集体"。它在群体活动上既具备网络传播的特点与规律,又兼有线下班级的某些元素。组织在线教学时,挖掘其内在的组织特点与个体心理特征,开展针对性的设计,可以为学生创设更具临场感的学习情境,有利于教学绩效的提升。

(二)学习共同体概述

学习共同体又称"学习社区",由学习者(学生)、助学者(教师、指导人员等)以及所依赖的支撑环境共同组成,强调在合作互助、积极互动中实现共同愿景,并促进每位成员的发展。

随着互联网在教育领域的广泛应用,在线学习共同体已经成为学习者进行网络学习的全新组织形式,成为现代教育技术和远程教育领域的重要研究方向。

以共同体的视角来解构在线学习,可以发现其具有以下特点。首先是强调成员间以共享、协作为目的积极互动,即学习不再被视为单向、机械的知识接收,而主要是共同体成员基于自身基础,在与其他成员积极互动中解决问题的过程。同时在这一过程中,达成了共同体的愿景及成员的个体发展。其次,在线学习共同体中也不拒斥个人学习,相反,它鼓励个体成员借助共同体中的任务情境框架与资源供给,开展个性化的自主学习,在此过程中习得共同体的文化规范与技能要求,与共同体愿景达成的实践一致。

二、基于学习共同体的在线学习模式

(一)搭建交互平台,创建学习共同体

网络学习平台是实施在线教学模式的前提。目前,高速互联网已经在学校、家庭等情境中普遍应用,可以支持在线教学资源分发和在线交流的专用教学系统及通用协作平台较为丰富,为在线教学的设计提供了较好的基础。此外,随着云计算、大数据、人工智能等技术在互联网系统中的应用深入,技术系统除了为学习共同体中的成员提供沟通互动、资源共享、在线协作的功能之外,为教学组织者提供智慧决策的功能也正在成为现实。

人是共同体的核心元素,在线学习共同体的成员主要由学习者与助学者组成。在共同体构建时,需要将学习者作为主体,围绕其需求为其自主与合作学习创设情境、工具等。从这个意义来说,包括教师在内的助学者团体只是共同体的辅助与支持人员,主要承担共同体的组织、指导和激励工作。另外,共同体中的管理制度与行为规范是增强成员"共同体意识"、确保共同体健康运行的重要保障,因此这也应当成为共同体构建时的重要工作。

(二)布置学习任务,实现团队协作

在共同体中组织学习,关键是创设将成员自主学习与团队协作学习相统一的任务情境。在共同体中,学习是知识意义共同协商与社会建构的过程,创设共同的、贯穿学习全程的协作任务能够以统一的目标促进团队协作,唤起共同体成员的主体性和主动性,调动每一个学习成员的积极性,从而参与到团队学习中。同时,学习共同体不同于职场中以任务解决作为主要目的的实践共同体,它关注的是协作任务达成的同时,促成每个成员的自主发展。因此,在任务设计时,还需要围绕协作任务进行成员个别任务的规划,将其在共同目标的前提下分解为每一个成员的个性化学习任务。

(三)展示学习成果,进行总结评价

对成员绩效的及时反馈和评价是学习共同体得以维持的重要条件。在评价方式设计时,首先需要关注的是,评价内容不仅要包含学习任务的完成情况,还要包含共同体成员的参与情况。

传统的课堂教学比较关注的是对个体成员的学业评价,采用的方式通常包括作业、测评等。在共同体中,还需要纳入成员协作成果的绩效,以此来构建更为多元的评价体系。在此过程中,采用综合作品课堂展示的方式对学生协作学习的成效进行评价是一种适宜的方式,并且在评价实施时,不仅要关注成果本身,还应该关注成员的参与情况,以促成共同参与、共同交互、共同协作的共同体参与行为。

三、案例:《遨游汉字王国》

以下以统编语文教材五年级下册第三单元《遨游汉字王国》的实践任务为例,介绍笔者以学习共同体理念组织在线教学的实践。此任务的要求是组织小组合作开展一次"线上猜字谜活动"或"线上趣味汉字交流会"等活动,让学生发现汉字的趣味,感受汉字的魅力。教学在疫情期间,面向五年级两个不同的班级组成的合班开展实施。

(一)搭建学习平台,异质组建学习共同体

在学习平台的选择上,本案例选择了宁波市江北区教研室创办的"新语思"微信公众号以及"钉钉"即时通信软件。其中,"新语思"主要用于学习任务的发布、学习资源的推送等,"钉钉"则用于教师教学实施和成员互动。

为营造共同体学习氛围,教师首先通过"钉钉"群组织教学,将学生分为8组,每组10人,并确定组长。在分组方式上,采用异质分组的方式,以鼓励学生之间的互相学习。之后,教师组建组长群,指导组长组建"钉钉"群,组织成员进行自我介绍,以增进成员的相互了解,建立情感纽带,为后续分工协作奠定基础。

在教学实施前,教师首先开展学情调研,制作了包括微课、导学单、自主检测、拓展阅读等数字教学资源,发布于"新语思"的"预学助手"版块。同时,也利用直播授课的方式,对公众号平台的使用进行了专题培训。

(二)发布学习任务,协作完成任务安排

在正式学习时,教师首先为各小组学生发布总体学习任务——"搜集资料和学写简单的研究报告"。要求各组长在接收任务后,组织组内所有成员协同讨论,理解任务目标与要求,制定小组活动方案,确定任务分工与活动进度计划。

在任务执行过程中,教师主要做好教学指导与进度管理的工作。由于资料搜集是这一实践任务的重点,而学生也没有类似的实践经历,教师首先采用微课和直播教学的形式,结合具体实例,就"如何搜集资料""如何进行资料的辨析与归纳"等,开展线上教学。学习完毕后,各成员开始进行资料搜集,并将搜集好的材料上传至"钉钉"群文件中,由组内成员共同阅读与遴选,协同完成分析和汇总。如果学生在实践过程中存在疑难,则可以在线请求教师给予支持。

(三)分组展评成果,深化吸收学习收获

教学展示是协作学习中常用的方式。在实践中,小组成果展示也是各组学习绩效评价的重要内容。在展示前,教师首先要确定成果汇报的内容、格式要求与评价细则等。之后,各小组根据各自确定的主题和汇总的材料,在"钉钉"小组群协同制作展示材料、设计展示流程与形式,并在组内进行预演。

各小组成果汇报准备结束后,教师组织班级展示活动,由各小组面向全体学生,以"钉钉"直播的形式进行学习成果展示。而评价的工作则同步开展,在本实践中采用了自评、互评和师评相结合的方式,在每个小组内评选优秀个人,在全班评选优秀小组,并通过"钉钉"家校圈展示活动总结、优秀个人和小组风采。

四、小结

在本实践中,将学科教学任务融入共同体建设的实践,借助汉字文化为主题的专题知识汇报这一协作任务。学生深度参与在线学习不仅了解了中国丰富悠久的汉字文化,拓展了汉字知识,提高了文化认同,在协作过程中,也锻炼了共享协作、沟通交流等共同体互动技能,同时进一步加强了其对共同体的认同与责任感,形成了成员间互相促进、互相帮助的学习氛围与积极向上的人际关系。

参考文献：

[1]李洪修,丁玉萍.基于虚拟学习共同体的深度学习模型的构建[J].中国电化教育,2018（07）：97-103.

[2]陈如敏.终身教育视域下成人虚拟学习共同体的构建研究[J].长春教育学院学报,2018,34（08）：40-42.

[3]阮高峰,林叶郁.同侪辅助学习模式及网络互助学习群体构建实践[J].中国电化教育,2006（11）：34-37.

[4]吴白兰.高校外语教师虚拟学习共同体的构建[J].遵义师范学院学报,2019,21（06）：146-149.

同步课堂提升小规模学校语文口语教学的策略研究

宁波市士康学校　葛红霞

一、研究背景及问题的提出

当前,在我国教育系统中还存在相当数量的小规模学校。在这些学校中,伴随着学生数量少这一特点,往往还存在师资力量薄弱、教育资源欠缺等一系列问题。当前"互联网＋义务教育"全面推进,借助同步课堂等教学模式的应用,为缓解上述问题提供了新的解决途径。

同步课堂是当前"互联网＋义务教育"推进中的重要实施形态之一,指的是将教育资源较为优秀的城镇中心学校与乡村小规模学校建立为结对学校,利用互联网技术,实现两地班级同步互动教学的课堂教学模式。借助同步课堂这一教学模式,可以扩大中心学校优质教师的服务范围,缓解小规模学校师资短缺的压力,促进优质教育资源共建共享,有助于城乡义务教育优质均衡发展。

但是,同步课堂毕竟是一种不同于传统课堂的教学形态,其教学实施的情境、学生构成以及班级的组成形态、教师的职责分工等均存在不同于以往教学之处。因此,要发挥同步课堂在共享优质资源、促进教育均衡中的作用,需要综合考虑同步课堂的课程特点、学生特点等因素,进行系统化的规划与实施。但是在当前,关于同步课堂的实践尚待深入,没有可以直接应用的成功模式,需要同步课堂的教学者在实践过程中探索形成。

本文以宁波市士康学校小学语文学科口语教学这一实践为例,站在小规模学校教师的角度,对同步课堂中实施语文口语教学的有效策略进行了探索。

二、同步课堂中实施小学语文口语教学的挑战

语文是一门工具性与人文性相统一的学科,口语表达能力是语文学科的核心能力。小学阶段是学生语言发展的关键期,因此,探索有效的口语表达能力教学策略极其重要。《义务教育语文课程标准(2011年版)》中明确指出,学生应"具有日常口语交际的基本能力,学会倾听、表达与交流,初步学会运用口头语言文明地进行人际沟通和社会交往"[1]。

但是在当前的小规模学校中,因为学校师资、学生的家庭教育等客观条件的限制,学生的口语表达能力总的来说还比较薄弱。在本研究中,笔者通过检测的方式对学生开展调查,发现多数学生的口语表达能力仍存在以下问题。

(一)表达欲望不强,缺少口头交流

信息化时代,智能手机等电子产品的普及给人们的生活、工作带来了极大的便利,但与此同时,许多学生长时间沉迷于游戏,过分依赖电子产品,这在一定程度上扼杀了学生的想象力和创造力,削弱了学生和他人面对面沟通的欲望。在一些小规模学校中,学生不交流或少交流的现象较为普遍,一些学生并没有养成表达的习惯,表达欲望不强。

(二)表达方式不当,偏离预期目标

小规模学校学生口语表达能力的培养主要在语文课堂上。但由于小学语文课堂上的交流形式不存在严格的要求,在表达过程中,学生常常表达不当,抓不住重点,无法达到教师的预期目标。此外,部分学生在课堂上注意力不集中,思维能力得不到训练,语言能力发展受阻。

(三)表达机会不多,引起心理紧张

口语交际课重在培养学生的语言实践能力,这种能力的获得离不开广泛的语言实践活动的开展。但有些学生由于缺少有效的锻炼,疏于表达,在回答问题、发表见解时容易心理紧张,出现怯于在课堂上主动举手、羞于大声讲话、难以清晰地表达自己的观点等问题。

(四)课堂参与面小,语言应用锻炼少

小规模学校的语文课往往存在只有少部分学生参与交流的现象,多数学生只是扮演着倾听者的角色,因此教师也难以判定这些学生对知识点的掌握程度。当教师抛出问题时,大部分学生采用沉默式回答。对于教师来说,无法对学生学习绩效与教学有效性进行评定;同时对于学生来说,也错失了锻炼口语表达能力的机会。

三、同步课堂提升小学口语教学的策略

(一)构建技术平台,创设同步课堂教学环境

同步课堂是一种依赖于互联网和音视频传输设备开展实施的教学形态,因此构建流畅运行的软硬件系统是确保同步课堂正常运行的前提条件。在本实践中,本校与参与同步课堂实践的其他两所学校均装备了高规格的视频与音频设备,依托学校原有的高速互联网接入条件,构建了可靠、流畅的网络教学环境。

要有序开展同步课堂教学,除了具备实施这一教学形态所需要的教学环境,还需要教师的操作技能、教学设计理念以及校际协同规则的建立。为此,三校首先面向参与同步课堂教学的授课教师和助教教师,联合组织了同步课堂教学系统的操作技术培训,提升其操作技能,确保教师能胜任在同步课堂中的教学与指导工作。同时,三校也十分关注校际协作规则的建立与氛围的营造。

首先是构建了三校同步的大课表制度,确保三校参与同步课堂的教师对于教学进度、组织安排等预先知晓,同时在每次同步教学时,支援校的授课教师都会提前把教案、课件、作业等教学资源上传至平台,让受援校的助教教师能提前了解教学内容,以便在上课过程中及时、准确地对小规模学校同步班级的学生进行辅导。这样,如果在同步课堂教学过程中遇到技术故障等突发情况,助教教师也能以教案、课件等为基本依据,替代执行教学任务,确保小规模学校的学生顺利跟上支援方学校的教学进度。

其次是三校也关注教师协作意识与技能的提升,为校际协作开展同步课堂创设了良好的氛围。在实践中,来自支援校的授课教师和受援校的助教教师建立了良好的协同教学常规。每周同步教学前,助教教师会参与授课教师的备课工作,双方共同参与设计教案和课件。除此之外,助教教师还会了解同步教学的内容,制定本校学生的指导方案。在课中,助教教师观摩授课教师的教学,并依据教学安排为小规模学校的学生提供必要的辅导。同时,双方学校的教师也应加强沟通,除了上传必要的资料外,还可以通过"钉钉"、电话等方式共商教学细节。

(二)开展学情调查,有针对性地设计教学

课堂教学要发挥对学生知识建构和能力发展的有效作用,教学活动的设计与实施除了必须满足课程教学目标的要求之外,还必须针对学生的已有基础、学习习惯等进行针对性的设计。

在本研究中，本校作为小规模学校参与同步课堂，与城区资源较为优秀的另两所学校的两个班级共同参与同步教学。由于同步课堂教学必定有一致的教学进度与安排，为了使教学能够同时适用不同学校、班级的学生，各校教师构建了教学团队，在教学设计与教学活动准备上建立了频繁的沟通机制和紧密的协作关系。在整体教学思路的确定上，除了使教学尽可能同时符合不同学校的学情之外，也针对小规模学校学生的特点做了更多的倾斜。

首先，在教学需求的分析上，每次同步授课之前，两校教师都会开展网络协作，共同开展学情调研，对于本校学生已有水平、学习习惯、不良学习行为等情况进行了较为详细的调查。在此基础之上，针对本校学生设计了专用的学习任务单，引导其提前做好课前预习工作，以便学生能够更好地适应同步教学的教学进度与教学节奏。对于部分学习基础较为薄弱的学生，两校教师也会协同参与分析，由城区学校给予建议，本校助教教师对此类学生提供个别指导，做好学习前的准备。

其次，在教学活动过程中，教师为学生口语表达能力的提升设计了支架式的教学。除了教师会提供口语表达的示范之外，每次课程的教学都会有清晰的主线，并融入循序渐进的学习任务，如师生互动、角色扮演等。在此类互动活动的参与对象上，更多地对本校学生进行倾斜，其目的一方面是使本校学生能有更多的锻炼机会，另外一方面是借助这种课堂互动，打消学生对于同步课堂的陌生感和边缘感，使其积极投入课堂。

在教学过程中，助教教师也会在进行教学辅助的同时，做好学生课堂参与的行为记录，并将这些记录连同学生的作业、测验等资料，构建学生的电子档案，以对学生的口语表达能力水平以及提升情况进行持续跟踪。而对这些电子档案材料的分析，则可以辅助后续教学实践中的教学设计与学生指导。

（三）创设应用情境，强化知识迁移

口语表达能力是一种实践技能，光从认知层面进行干预是不够的，还需要为学生创设丰富的实践情境，让学生在尽可能真实的语境中来实践应用。

针对这一问题，在本校的同步教学过程中，教学团队结合本年级语文学科口语表达能力发展的目标与语文教学内容的特点，为学生创设了丰富多彩的语言应用任务。比如，教师在教学《鸟的天堂》时，根据教材内容将各种各样鸟的形态展现出来，让学生对各种鸟进行观察，并进行描述。这种情境创设给三校学生足够的空间，学生们有了更多的话题，表现更加积极与活跃，畅谈自己的想法。

除此之外，教学团队也积极引导不同学校学生之间的交流互动，在任务协作的过程中创设应用语言、表情达意的实践情境。例如，在课堂教学中和课余时间，教师也会尽可能地基于互联网组织三校学生共同参与一些协作拓展任务，并且在分组方式上采用城区学校和小规模学校混合编队的方式，目的就在于借助这一方式引发学生之间的互助与协作，使小规模学校的学生能够在群体合作的过程中学会口语表达的技巧，并在这一互动情境中，逐渐提高其口语表达能力。三所不同类型的学校、多种性格的学生在一起交流，更多的想法应运而生，思维火花的碰撞更加激烈，充分调动起学生参与活动的积极性，激发学生对解决实际问题的渴望，从而唤起学生的口语表达欲望。

（四）建立师生互信，创设学习氛围

良好的师生关系，有助于增进师生之间的相互理解与信任，同时也让学生能够从心理上更认同与接受教师的教学指导。在同步课堂中，如果说教师对学生不了解，会使其教学干预的策略与方法没法因材施教的话，那么如果学生对教师不够了解、不够熟悉，往往会限制其对教师的信任和认可，同时也会导致其对同步课堂产生陌生感和疏离感，没法以身心协同的方式深

度参与课堂,也无法有效地引发深度学习,影响课堂学习绩效的提高。正是由于这一点,在本案例中教学团队对于师生关系的建设和班级氛围的营造十分重视。

首先,授课教师在课堂教学互动中展现了生动活泼、和蔼亲切的授课风格。这种人格魅力上的特点较好地调节了本校学生参与同步课堂的心理状态,也拉近了师生间的距离。同时,本校助教教师也会在平时的教学时间内,充分发挥本校学生与授课教师之间的"信鸽"角色的作用,传递两者之间信息。这一方式,维系了授课教师与本校学生之间的情感,成为课堂之外的情感纽带。

一直以来,小规模学校的学生在参与同步课堂时,往往在心理上处于劣势,甚至会有自卑的心态。为此,教学团队也通过课堂观察对此类情况进行了关注。对于存在这一倾向的学生,会及时通过课堂暗示、非正式交流等方式给予其心理支援和个别辅导。

另外,在教学过程中,两校教师也构建了紧密和谐的协作关系,这种以身示范的方式,也为小规模学校的学生参与同步课堂,营造了积极轻松的心理环境,有助于其以同样的心态投入同步课堂教学。

四、总结

在同步课堂中,虽然授课端教师与小规模学校的学生分隔两地,但是通过有效的教学设计,以适宜的教学活动与实践任务为载体,在教师们的精准把握、精巧设计、精心互动中,小规模学校的学生也可以实现有效的同步学习、同步听讲、同步思考、同步交流,并且在课后,学生也愿意付出更多时间训练口语,愿意为之洒下辛勤的汗水。

同时,本案例在实践中也证明,师生之间一旦构建了互动、交流的良好新型关系,学生可以逐渐消除紧张,轻松愉快、活泼热情、兴致盎然地发挥想象,以最佳状态进入语文学习,焕发出语文课堂独有的活力。一旦师生之间的情感纽带足够牢固,那么即使授课教师课前的"挥挥手""打打招呼"等这些看似不起眼的动作,也会成为学生调节注意力、进入课堂学习状态的信号。

参考文献:

[1]中华人民共和国教育部.义务教育语文课程标准(2011年版)[M].北京:北京师范大学出版社,2011:6.

[2]倪佼.提高小学生语言表达能力的有效途径[J].课外语文,2019(09):17+19.

[3]刘家喜.小学语文低年级口语表达训练探讨[J].文存阅刊,2019(07):109.

[4]刘春明.信息化环境下小学语文教学口语表达能力培养探讨[J].课程教育研究(新教师教学),2016(015):240.

[5]赵娟.现代信息化环境下小学语文口语表达能力的培养[J].新课程(小学),2017(06):111.

[6]王春凤.现代信息化环境下小学语文口语表达能力的培养策略探究[J].考试周刊,2019(72):45-46.

[7]王延梅.农村小学语文口语交际能力培养三步走[J].科技信息,2010(11):669.

"互联网+同步课堂"中学生课堂专注度提升策略的个案研究

宁波市江北区普迪学校　常桂霞
浙江师范大学教师教育学院　陆佳怡　王润花

一、研究背景及问题的提出

互联网已经成为基础教育领域探索资源共享应用与均衡配置，促进教育公平发展的重要支撑技术。城乡同步课堂（简称"同步课堂"）是当前"互联网+义务教育"的重要实践形式之一，也是《教育信息化"十三五"规划》提出要"深入推进三个课堂建设"的重要任务之一[1]。同步课堂的实施，不仅实现了城区学校等优质资源向乡村等资源薄弱学校的共享与辐射，还为城乡学校的校际协作与结对帮扶提供了载体，有助于促进城乡学校的同步发展。

但是，它作为一种新的教育供给形态，伴随着同步课堂的逐步推广实施，共享性和开放性获得认可，在急速发展应用中也向教师呈现出新的挑战及研究课题。例如，教学设计如何合理借助技术工具兼顾本地和远端教室学生；较低的师生比以及更复杂的学情下如何更精准地实施教学干预等。

与此同时，围绕学生在同步课堂中的参与方式及其相应指导策略的系统理解也迫在眉睫。因为无论在哪个教学情境中,学生的课堂专注度和自律都格外重要[2]。学生专注度是保证学习效果和学习质量的至关重要的因素,也是衡量学生学习投入度的一个重要参考因素。

已有研究认为,影响学生专注度的主要因素有三大类:外在客观因素、授课教师教学能力以及学生的身心特点[3]。但是在同步课堂这一具体情境中,学生关注度到底受到哪些内外部因素的影响,教师又该如何实施有效的策略来提升学生关注度,引发更有效的课堂参与,这些依然值得深入探究。

在这一背景下,本研究选择了典型的学生个例,采用个案研究的方式,对影响学生同步课堂专注度的因素进行了探索,并对其课堂专注度的提升策略开展了行动研究。之所以选择个案研究,是因为这一研究方法能够帮助研究者针对某一个体、某一群体或某一组织进行深入、具体的研究,能够"深入地了解情景和所涉及的人的意义"[4]。

二、个案规划及成因溯源

(一)个案选择

要了解同步课堂中影响学生专注度的因素并验证提升策略的效果,需要从现实中关注学生课堂专注力的变化情况[5]。根据这一研究目的和研究目标,研究者选择了宁波市江北区普迪学校四年级的男同学小袁作为典型个案。普迪学校是一所专门接收慈城镇周边流动人口子女的民办学校,师资流动性较大,力量相对薄弱。2019年,学校作为受援方参与了宁波市江北区的"互联网+义务教育"同步课堂实践。

小袁是班级中的普通一员,在老师眼中,他是个聪明的孩子,天真烂漫,但各方面表现一般,语文学科知识技能基础属于班级中等水平,需要在教师的督促与个别指导下才能达到学习目标。小袁有着让老师头疼的问题,上课时经常心不在焉,既爱说又爱动,有时甚至无法跟着集体的节奏去学习。在参与同步课堂时,他兴趣也不高,专注力低下,注意力集中的时间较短,对自己的行为约束力较差。由此,研究问题自然而然地浮现:是教学、个体、家庭教育等方面的哪些因素造成小袁在同步课堂上这种关注度低下的现状?针对这些因素,又应该如何进行针对性地实施指导与干预以改善其专注程度?

(二)数据采集与结果分析

围绕核心研究问题,研究者采用访谈法、观察法、行动研究法,对典型个案进行了相关研究,搜集了相关研究数据。

首先,围绕小袁参与同步课堂时的心得体会以及存在的困惑开展面对面的访谈,既有在同步教学结束后的正式访谈,也有日常沟通中穿插的即时访谈。无论哪一种方式,研究者均在访谈结束后第一时间对访谈内容做了详细记录。为更深入地理解访谈内容,并帮助建构因果关系,研究者也通常通过面对面访谈、电话访谈等形式,对其他参与同步课堂实施的任课老师、学生家长开展了访谈。除此之外,还收集了同步课堂实施人员的工作总结、经验交流等文献资料,以及课堂实录作为研究数据的补充。

通过对上述各种研究数据的对比、分析和归纳,并开展内容分析,发现造成小袁在同步课堂关注度低下的主要原因是:外界环境的干扰、双方教师课堂教学设计与实施中的不足,以及学生的身心特点导致学生注意的疲惫。

1. 外界环境的干扰

同步课堂是一种基于互联网和音视频同步传播技术开展教学的课堂实施环境,因此音视频传输的流畅性和稳定性是顺利实施教学的前提。由于学校资金有限,购置的教学设备及网络带宽性能较差,且缺乏专门负责维护网络的技术人员,在教学过程中普遍存在延时较大、采音不清晰等现象[6],

造成了课堂教学的顿挫感。

这些干扰降低了支援方和受援方的互动效率,削减了受援方学生的学习体验,也影响了课堂教学的氛围。对小袁同学而言,这也降低了其参与课堂的兴趣,影响了其学习的主动性和积极性,同时也无形中强化了其对新教学环境的不适应感,从而导致其课堂专注度下降。

2. 课堂教学设计与实施中的不足

有效的教学一定需要在师生共同理解的基础上,结合学生的认知水平与发展特点来开展。但在同步课堂中,支援方教师与受援方学生间的沟通强度与情感联结必然少于本地学生,因此在教学时往往会对受援方学生学情把握不足。同时,由于师生比较低,基于技术的互动又往往难以充分实施,客观上对于受援方学生的关注也心有余而力不足,这些往往会导致受援方学生主体地位受限,成为课堂的"旁观者"[7]。

因此,很多情境下,受援方学生接受的其实是并不完全依赖于自身入门水平和学习偏好的教学。同时,在虚拟的课堂互动下,受援方学生无法体会支援方教师的教师情感,支援方教师也不能敏锐地注意到从远端传输过来的学生反应并给予及时的反馈,易使受援方学生在学习体验和情绪上受到打击,学习热情递减,并导致其脱离课堂活动,注意力不集中,课堂专注度随之下降[8]。

3. 学生的身心特点导致学生注意的疲惫

从发展心理学的角度来看,小袁同学无法很好地在同步课堂中保持持续专注,也与其所处的身心发展阶段及其心理特征有关。中、低年级学生天性好动,好奇心强,既爱说又爱动。一方面,他们本身无法保持长时间的注意力集中;另一方面,也易受课堂中的新鲜事物影响,加之自身自控力薄弱,从而导致注意力的不集中[9]。

此外,在对小袁班主任以及其他学科任教教师进行访谈后,研究者也发现其听课专注度低下与家庭教育以及自身的生活习惯不无关系。访谈发现，小袁的家长工作很忙，经常无心顾及孩子学习，使其养成不好的学习习惯，且在家作息时间不规律。这种学习习惯上的不良倾向，也导致了他课堂精神状态不佳，疲劳而松散。

三、学生同步课堂专注度提升策略的探索

针对以上分析的原因，研究者试图从课堂教学环境改善、课堂规范与纪律强化、教学设计优化等方面开展实践应用，并以小袁同学在同步课堂中专注程度的变化来验证提升措施的有效性。

（一）完善课堂教学环境，提升学生课堂体验

要保障同步课堂内教学活动的正常实施，设备是前提条件。针对前期研究中发现的技术环境上的不足，学校聘请了专业技术人员，对实施同步课堂的软硬件环境进行了网络与设备参数的优化，同时也对两校的教师进行了操作技能专项培训。改造之后，同步课堂的实时画面更加清晰，同时网络的升级也使得双向的互动可以更加流畅和稳定，这为课堂的顺利实施提供了重要前提。

在教学观察中，研究者发现小袁的注意力紧跟着支援方教师，对于新型学习方式的适应性也在逐步提升。课后访谈中，他在分享参与同步课堂的心得体会以及对自身课堂表现的评价时表示："开始感觉到同步课堂跟普通课堂差异没那么大。"他对于同步课堂的兴趣较前也有所增加，同时对于这一教学方式也由抵触变为慢慢接纳。

（二）严肃课堂纪律，营造良好学习氛围

小学生自控能力较弱，容易开小差，因此在教学实施中通过外部干预施加纪律性和约束力是必要的[10]。为此，研究者也面向受援方学生开展了专

项培训,提出了参与同步课堂的行为规范,例如上课时要跟随执教教师的教学节奏专心听课、杜绝小动作、主动思考、多多参与教学互动、课后积极完成作业,等等。针对小袁同学,教师还专门开展指导,除了叮嘱其要在课堂上专注听讲外,还对其进行了方法指导,例如在课堂上进行注意力分配、协调"听、想、记"行为、及时记录疑难并在课后反思或求助,等等。

此外,为激励全班同学共同营造良好的听讲氛围,教师也鼓励学生自发互相监督与小组竞争。在这样的课堂氛围下,小袁提升了对自己的要求,训练了自己的约束能力,也明白了纪律的重要性,课堂专注程度自然而然就提高了。

(三)优化教学,双师协作,激励学生有效参与

要让学生在课程上积极参与、深度投入,教学设计与实施十分重要。在对小袁同学课堂专注度开展研究后,两校教师也从教学设计、课堂管理等方面开展了自主反思,并进行针对性的尝试。例如,执教教师在教学设计之前会更详细地对两校学生的认知水平、已有基础、学习风格进行调查与研究;同时在教学处理上,无论是在教学材料的组织、教学手段的运用还是学生参与方式的规划上,都进行了更有针对性的设计,特别是强化了同步课堂中教学互动的方式与频率,激发学生主动思考,增强学生的主人翁意识。由于同步课堂时间限制,课堂内的互动也会相应地被压缩,研究者通过"钉钉"平台建立课后交流答疑群,以此让支援方教师和受援方师生充分沟通,分享心得体会,增进彼此的了解,共同成长,共同进步。

与此同时,在教学中更加强化支援校和受援校教师的相互协同。在以往的同步课堂中,两校教师存在明显的主次之分,不仅限制了受援校教师教学功能的发挥,也会影响其参与同步课堂的积极性,甚至挫伤其职业的使命感与专业发展热情[9]。但在这一新的教学组织中,两校教师不仅共同开展教学设计和教学反思,而且在教学实施中也更多的是协作的关系,不存在明

显的主次划分。

实践中发现,在这一针对性更强、互动更丰富且教学实施方式更倡导协同互助的教学模式下,学生的投入程度也更高,小袁同学自然也不例外。

(四)家校互动,个别指导,以信心促专心

每一个学生的表现,都或多或少地折射着其所在家庭的某些特征。在前期的跟踪研究中,已经发现小袁同学在课堂上的游离表现,与其家庭教育上的缺失,以及由此形成的不良习惯及逐渐累积的信心不足有关。

为此,两校教师首先想到的是与小袁家长紧密沟通,通力合作,家校都使用一些奖励,刺激他静心学习,慢慢养成好习惯。与此同时,两校教师积极通过面对面或网络沟通的方式对小袁开展一对一指导。这一举措使小袁长久以来形成的自卑心理和知识落差感大幅减弱,他与支援方教师的心理距离也相应拉近,增强了小袁的自信心。一段时间下来,他的课堂参与度明显提升,注意力集中的时间也保持较长,经常踊跃发言,作业也能积极完成。

四、成效与反思

经过一个月的干预与指导,小袁在同步课堂中的专注程度明显改善,已然养成一些良好的学习习惯,上课表现得特别积极,也能全程跟上支援校教师的思维活动。从他上课的神态表情与行为也能看出,让他在倾听中提升专注力的建议也发挥了积极有效的作用。有序的动静交替,坚持数月,在潜移默化中提升了他的课堂专注度,也使他对语文学习的兴趣更浓厚了。

"互联网+同步课堂"现在已经越来越普及,在实施过程中经常会遇到像原先的小袁这样专注度不高、贪玩多动的学生。这虽然只是课堂的一个细节,但就学生个体而言,这不但关系着学生良好习惯的养成,还会影响其未来的学业甚至人生的发展,必须引起教育者的重视。本文提出,从课堂实施环境、课堂规范、教学设计、家校协同等方面着手,进行针对性的策略设计,其实质是针对学生的内在心理与外部环境协力进行干预。教学情境不同,学生个体不同,干预的具体举措也会有差异,但是站在学生立场,综合分析其内外部因素并进行针对性的干预应是适用的。

参考文献:

[1] 中华人民共和国教育部. 教育部关于印发《教育信息化"十三五"规划》的通知 [EB/OL]. (2016-06-22) [2021-06-15]. http://www.moe.gov.cn/srcsite/A16/s3342/201606/t20160622_269367.html.

[2] 梁林梅,陈圣日,许波. 以城乡同步互动课堂促进山区农村学校资源共享的个案研究——以"视像中国"项目为例 [J]. 电化教育研究,2017,38(03):35-40.

[3] 任玉霞,孟瑞琳,孙巍,等. 远程同步教学中学生听讲专注情况的现状调查和提升策略研究——以北京城市学院七年制贯通生英语课程为例 [J]. 中国教育信息化,2020(24):13-17.

[4] 龚晋昂. 影响儿童注意力的七个因素 [J]. 早期教育,1991(07):31.

[5] Merriam, S. B. Qualitative Research and Case Study Applications in Education [M]. San Francisco: Jossey-Bass, 1997.

[6] 常贞. 高职院校线上教学课堂专注度的分析与思考 [J]. 武汉工程职业技术学院学报,2020,32(04):91-94.

[7] 柯斌,芦俊佳. 高校"共享课程"同步课堂的构建与设计 [J]. 电脑知识与技术,2020,16(06):100-102.

[8] 常咏梅,张乐,李玥琪,等. 同步直播课堂远端教师助学策略研究 [J]. 电化教育研究,2020,41(11):116-121+128.

[9] 娄秦爱. 提高低年级学生科学课堂专注力 [J]. 小学科学(教师

版),2020(03):187.

［10］邵光华,魏侨,冷莹.同步课堂:实践意义、现存问题及解决对策［J］.课程·教材·教法,2020,40(10):70-76.

基于互联网的资源型学习设计与实施

宁波市江北区中心小学　庄静娟

一、基于互联网的资源型学习概述

(一)基于互联网的资源型学习

随着互联网技术的飞速发展,以网络为载体的数字化学习资源也在迅速丰富。这些资源不仅为传统的教与学活动提供了强有力的支持,推动了课堂教学的创新,同时也催生了基于网络学习资源的资源型学习的产生与发展。

基于互联网的资源型学习是指在以互联网为主要形态的网络环境下,以丰富的数字化学习资源为基础,借助其在内容呈现上的交互性与表现力,结合教师的启发与引导,创设学习情境,学习者自主进行学习的一种模式。

综合国内外研究与实践,基于互联网的资源型学习具有以下特点。

首先,相较于传统教学,基于互联网的资源型学习中学习者的主体性得以更充分的体现。它提供了一个异步的交互学习方式,让学习者的时间弹性更大,让学习者可以主控自己的学习时间,由此可为其创造一个能自主安排学习的环境。每个人都可以根据自身的特点选择不同的教学内容来掌控学习进度,调整学习方式。此外,借助多媒体技术在资源呈现上的表现力与交互性，精心开发的学习资源对学习者更有吸引力，更易于激发学习者的兴趣。

其次，资源型学习通常采用任务驱动、项目式的方式开展，教师可以借此创设学习情境，创新教学组织形式，引发学习者通过独立学习与主动参与有挑战性的学习任务来建构知识，激发学习者的联想和创造性思维，有助于其问题解决、创造性思维等高阶认知的发展。

最后，根据教师介入程度的高低，基于互联网的资源在教学应用上具有较大的灵活性，它既可以作为组块纳入课堂教学的活动序列，同时也可以作为独立的教学形态开展实施。特别是后者，可以将传统课堂中师生面对面的同步教学转变为以技术为中介的异步学习，从而可以成为传统教学无法正常实施时的一种有效替代，例如新冠肺炎疫情期间的网络学习阶段曾出现过大量此类教学组织案例。

（二）互联网环境中实施资源型学习的挑战

随着互联网技术教育应用的普及与深入，基于互联网的资源型学习的研究与实践也在不断深入，但就实施现状而言，还存在以下不足。

1. 学习资源与学生需求失配

由于网络学习的迅速发展，各种类型的网络学习资源层出不穷，质量良莠不齐。网络中的优质学习资源的发展无论在布局还是规模与层次上，都存在着不充分、不均衡的现象。容易获取的资源往往难以满足学习者的需求，而优质的学习资源又比较缺乏。除此之外，网络学习资源难以实现精准化推荐以及推荐服务路径的狭窄性，以至于不能形成良好的服务效果，无法满足不同学习者的需求，使学习资源与学习者需求不匹配，也影响了教学实施的有效性。

2. 学习资源的利用效率不高

互联网为学习者提供了丰富的资源和良好的学习环境，但研究发现，这些学习资源的利用率并不高，主要受到以下几个因素的影响：一是学习者缺乏自控力和信息采择能力；二是教师和平台的引导作用不够充分，多数学习平台能提供丰富的视频、文本等形态的学习资源，却没有相应的导学环节设计，教师也没有对其进行合理引导，使得学习者在学习过程中感到困惑而无所适从；三是学习资源缺乏统一的标准，相同类型的学习资源被不同的人或机构反复利用、多次建设，使学习者在选择上出现了困难。

3. 学习过程的持续分析与监督机制缺乏

要开展有效的资源型学习，对于学习者的进度、学习行为的分析十分重要。但经调查发现，当前中小学校在组织实施资源型学习时，往往缺少相应的学情数据收集与分析设计。即使教师在教学设计时做了相应的规划，往往也会在技术实现上存在重重困难。主要原因是当前教师用于分发资源和组织学习的技术平台通常采用公共平台，这些平台无法提供适用于学习情境的过程性数据采集与分析功能。因这种过程性学习绩效管理机制的缺失，教师无法及时了解学生在资源型学习情境中的学情，并针对性地进行引导与矫正，这也是导致当前基于互联网的资源型学习效果难以实现的原因之一。

综合上述原因，要在互联网环境中实施有效的资源型学习，教师必须系统开展教学设计，针对学习者的特点开发数字教学资源，并依据学科知识脉络进行科学编排，同时还需要通过学习任务设计、在线班级氛围营造等举措，积极为学习者创建一个理想的学习情境。本文以宁波市江北区在小学语文学科开展的基于互联网的资源型学习项目为例，介绍了研究者对这一问题的探索。

二、基于互联网的资源型学习设计与实施案例

2020年新冠病毒肆虐期间，基于互联网的资源型学习成为中小学校采

用的网络教学形式之一,江北区教研室以主办的"新语思"微信公众号为基础,在小学语文学科开展了探索与实践。

(一)基于学情与教材,精心制作、科学编排数字学习资源

在资源型学习中,数字学习资源是教师的教学思想、教学策略的中介,也是影响学习者学习最重要的因素。但是每位学习者的基础和能力不同,因此在数字学习资源设计和学习路径编排时应充分考虑学习者之间的差异,包括学习者的学习能力、已有基础等,从而尽可能满足不同层次的学习者,促进资源的适切度与有效性。

依据上述思路,本研究规划"预学内容""预学目标""要点讲解""旧知链接"四个板块。以四年级下册第一单元"阅读助学"为例,研究者将整个单元浓缩为四点"预学目标",明确学生通过预学所要达到的目标,指导学生针对性地预学,使教师更好地把握学情,组织后续教学。在"要点讲解"中,教师通过文字、图表、微课等形式予以解析,同时将借助关键语句体会文章思想感情等方法融入资源,激发学习者建构和发展当前知识。另外,研究者设计了"旧知链接"板块,为学生梳理了新旧知识的结构脉络,对其中的重难点知识,均增加了拓展学习链接,最终目标是希望学生在把握知识的序列性和连续性的前提下充实和完善认知结构。

(二)任务驱动,结合教学目标规划学习路径

线上群体教学有别于面授课堂中的教学,有时过于细节化的语言表达和一味灌输式或问答式的教学难以吸引学习者的注意力,会降低线上教学效率。为此,本研究采用了任务驱动的思路,通过设计具有吸引力的综合性任务激发学习者的学习动机,使学习者乐于参与并有兴趣持续思考与实践。这些任务不同于通常的课堂提问,也非简单地在文中搜索答案,而是指向学习内容的有机整合与学习方法的有效习得。以《鲁滨逊漂流记》一课为例,结合课后问题及相关练习,在"预学助手"中提供了以下四个预学任务:

预学任务一	默读梗概部分,想想写了鲁滨逊流落荒岛的哪些事情。尝试用小标题加以概括。
预学任务二	细读节选部分,推想它属于梗概的哪个部分。
预学任务三	默读节选部分,想想鲁滨逊是一个怎样的人。从文中找到印象深刻的情节加以说明。
预学任务四	因为疫情延迟开学,同学们都只能在家里自学。就这一情况,像鲁滨逊一样把坏处与好处列出来,再与家人交流一下你的想法吧!

这些任务遵循学生的思维过程,呈现不同梯度,由易到难,层层递进,既融合课程的基本教学目标,同时也加入了注重学习者思维发展和核心素养提升的开放性任务。这样的任务序列设计也为个性化学习的组织提供了基础,即教师可以针对不同的学生起点设计不同的学习要求,让各种类型的学习者各赋其能,在各自的起点上发展提高。

(三)激励引导,构建完善学习支持服务

完善的学习支持服务是实施有效在线学习的重要条件,特别是在本研究中,学生尚处自主管理能力欠缺的发展阶段,同时也普遍缺乏有效网络学习的技能。因此,在设置任务的基础上,应在学习者自学的过程中给予相应的帮助,预估学习者易产生的学习问题,妥善设计支持系统。

在本研究中,可随同任务提供给学习者四种支持:一是步骤提示,通过引导来帮助学习者梳理完成任务的头绪,并从中获得实践的方法,从而提升能力;二是微课帮学,对于理解难度较大,完成过程相对复杂的任务可通过微课讲解与演示,帮助学习者获得直观认识与正确理解;三是学习小贴士,针对学习者在完成任务过程中可能产生的困难进行提示,以帮助学习者攻克难关,推动任务进程;四是补充资料,提供相应的学习资料、定期推送参考答案以帮助学习者了解知识背景,保证自学者学习和家长辅导的有效性。

另外,在网络学习中建立合理的激励机制,能够提高学习者的课堂参与度以及学习兴趣,实现课程中的过程性评价,达到预期的课堂效果。为此,研究者从学习者的需求出发建立相应的激励机制。首先是积分制,教师在课件或平台上设置与所学内容相关的智力游戏问答,营造轻松的学习氛围,并统计学习者的学习积分,积分高者给予相应的奖励。其次是作业竞赛。学习者借助"预学助手"自学,完成相应的任务后发送到"PK台",教师视不同的展现情况给予学习者不同的奖励。

如前所述,本研究构建的学习支持服务、数字学习资源质量保障机制可为资源型学习平台的建设提供一定的参考价值,也是对现有信息化环境下资源型学习实现方式的一种有力补充。

三、小结

总的来说,本研究结合学习者的学情与认知模式,转变旧的教学理念和教学模式,探索信息资源与小学语文课程整合的以网络学习支持服务为中介的资源型学习新途径,解决了学习资源与学习者的需求适配问题,提高了网络学习资源的利用率以及学习资源的质量。学习者也从被动学习转为主动探究,其信息素养也得到了相应的提高,实现教与学质量和效率的双向提升。

参考文献:

[1]刘金英.基于云平台的数字资源建设与应用[J].科技资讯,2019,17(17):158+160.

[2]邵山.网络学习支持系统对学习者特征的适应性策略[J].软件导刊(教育技术),2008,7(11):56-58.

[3]温梅.基于网络的资源型学习及其策略[J].中国电化教育,2007

(07):68-70.

[4]温梅,马国光.基于"资源型学习"的语文教学论课程研究策略[J].教育理论与实践,2006(14):26-28.

同步课堂中项目式学习的设计

宁波市江北区外国语艺术学校　王莹燕

一、研究背景及问题的提出

（一）项目式学习正成为当前教学改革的新领域

当前,我国基础教育课程改革正在进入一个新的发展阶段。随着《中国学生发展核心素养》的提出,学生核心素养发展这一主线正成为教育系统和课程体系建设的重要目标与指导思想。小学阶段是个体核心素养发展的"启蒙期",在小学教育阶段的课程体系中融入和落实核心素养发展是当前教育领域普遍关注的重要问题。核心素养因具有综合性、应用性的特点,往往需要在真实的、情境性的任务环境中进行发展与培育。在这一背景下,项目式学习成为很多学校落实核心素养教育的探索方向之一。

项目式学习是一种基于项目任务,聚焦学生体验与表达的学习,引导学生在真实情境中发现问题、解决问题,又在解决问题过程中发现问题,引导学生探究并体验包括学科知识在内的外部世界,发展学生对学科以及外部世界的内在兴趣。项目式学习最重要的价值就是对问题持续不断的探求。小学期间是学习习惯、学习能力形成的关键时期,借助项目式学习,可以帮助学生在知识应用的实践性情境中感受知识的价值、学习的意义,并形成学以致用的学习理念和不断求索的创新意识。

(二)同步课堂与项目式学习

同步课堂是一种依托网络展开的教学模式,该模式利用互联网技术,突破时空限制,借助双向视频交流系统,连接不同地区和学校的师生开展教学。同步课堂当前已被作为教育精准扶贫的举措之一应用于实践,目的是将教育发展水平较高学校的教育资源,通过同步课堂这一媒介,辐射到教育发展相对薄弱的地区,带动这些地区教育的同步发展。

项目式学习是一种新的学习方式和教学模式。从学生的角度来说,在同步课堂中实施项目式学习,为远端学生打开了一扇窗户,让学生更好地感受学习的意义,赋予学生探究的双眼,促进他们更热情、更自由、更富创造力地投入到对世界的探索中。从教师的角度来说,在同步课堂中实施项目式学习无论是对近端教师还是远端教师都是一种挑战与机遇。它需要教师具有创造、想象、重构知识与情境的能力,需要教师与来自不同领域的人交流。这不仅能提升教师的教学专业水平与能力,还能促进不同学科教师之间的沟通与合作。同时,学生展现出来的思考力对教师也很有启发。

二、同步课堂中项目式学习的设计

依据项目式学习的实施要素,同时考虑同步课堂在教学环境、学生特点、教师协同等方面的特点,要在同步课堂中开展项目式学习,主要的流程设计与任务要求如下。

(一)开展学情调研,确定项目主题

开展项目式学习,关键是为学生的知识建构与核心素养发展提供一个真实的、任务驱动的学习情境。因此,与其他形式的教学一样,需要在课程

教学的目标框架内,对班级中学生的层次结构以及各层次学生的已有基础、学习习惯、学习能力等进行充分调研,以便作为后续设计规划的基础。相比传统课堂,同步课堂涉及不同学校的多个班级学生,因此在学情调研上,授课教师需要和助教教师开展紧密合作,及时交流对学情的理解与把握。此外,授课教师也应该充分利用线上或是线下创设的学生直接交流的情境,以便加深师生之间的了解与信任,为后续的教学实施提供铺垫。

除了开展学情调研,在项目主题确定时也需要考虑课程体系内不同知识点的特点。一般认为,那些关注学生高阶认知能力,例如分析、综合、问题解决层次的教学内容,比较适合开展项目式学习。

(二)确定核心知识,重组教学内容

在确定项目式学习的主题之后,教师需要围绕教学目标,结合前期学情调研的数据分析与理解,设计合理的学习路径,并以此路径作为项目式学习总体实施的主线。

在这一过程中,授课教师和助教教师同样需要充分开展合作。这是因为在核心知识的确定与学习路径的建构上,需要考虑适配尽可能多的学生,这就必然需要双方教师整合对各自学生的理解。此外,这一合作也有助于在项目式学习实施过程中双方的分工与职责,有助于项目式教学的顺利实施。

针对现行小学语文教材的特点,在项目式学习设计中,建议将章节作为基本的教学单元来进行项目设计,同时也鼓励在教学设计过程中,围绕核心素养的整体性框架,吸纳其他学科的任教教师参与设计,开展跨学科教学。

(三)设计驱动性问题,创设项目式学习情境

所谓驱动性问题是指能够帮助学生全情投入到项目式学习,激发学生兴趣,能为学生带来学习动力的系列问题。在小学阶段,我们可以设计与教

材主题相关的驱动性问题，这样的问题更加容易激发学生的学习兴趣。

要注意的是，在同步课堂中，我们还要避免设计较为地域化、校本化的问题，否则较难得到全部学生的共鸣，无法取得期望的效果。在驱动性问题发布时，教师也可以充分发挥信息技术的优势，采用合适的音视频素材来进行情境建构和氛围营造。

（四）规划评价方案和项目成果形式

评价是项目式学习不可缺少的环节，因其不仅是对学生参与项目式学习最终绩效的评定依据，同时也是激励学生持续参与项目式学习，避免学习目标偏离的重要手段。

在评价方案的设计上，需要依据兼顾学科素养要求、课程章节教学目标以及项目主题特点等多种因素，对学生的学科知识素养和学习表现分别加以评价。此外，项目式学习往往将以特定学习作品生成为目标的项目任务作为载体，因此，往往也需要设计项目的成果形式以及相应的评价方案。

在具体实施时，针对学科知识素养评价，应对学生需要掌握的学科知识点进行逐条评价，评价形式既可以是作业、测验或作品等，也可以包括课堂观察等。在实施主体上，既可以是学生自评，也可以是同伴评价和教师评价。在学习表现评价时，则主要关注学生在本次项目式学习过程中是否积极参与小组讨论，是否能够明确地表达自己的观点，是否在项目式学习过程中有一定的表现，是否能够公正地评价同伴的表现等。

此外，在进行项目式学习设计时，还需要关注项目成果形式的设计。在小学语文项目式学习中，成果形式可以包括视觉语言、口头语言、书面语言三个方面，展示形式可以是公开的论坛、演讲、辩论、答辩，也可以借助自媒体工具加以展示，例如微信公众号。项目成果的规划与创作本身就是一个知识应用的综合性场景，对于培养学生的学科综合素养十分重要。

（五）细化学习路径，设计学习活动

在完成上述任务的规划之后，即可以进入项目式学习具体实施层面的设计。这一环节最主要的任务是依据项目的主题与目标，对应先期设计的学习路径，将其细化为一个以驱动问题为起始，项目成果为终点的学习活动序列。

在学习活动的形式设计上，需要注意不应将学习仅仅局限于课堂，要根据项目特点，引导学生通过生活实践等与更广阔的世界紧密联系。例如，学生可以借助学校的图书馆查找相关书籍，通过计算机获取互联网信息，开展社区实践等。

在具体设计时，针对不同的项目主题，在学习的组织形式上既可以采用自主学习的方式，也可以采用小组协作学习的方式。虽然一般情况下，项目式学习往往是以小组的方式来组织开展的，但是如果项目任务的内容颗粒度较小，同样也可以考虑以自主学习的形式来开展实施。

三、同步课堂中项目式学习活动的实施案例

以下以统编版语文教材五年级下册第七单元为例，介绍同步课堂情境中项目式学习的实施。该项目实施的过程分为提出问题、准备阶段、阐述制作、展示评价与拓展提升五个环节，总计八课时。每个子项目都含有准备阶段、阐述制作、展示评价与拓展提升四个环节。下面选择典型子项目"制作中国世界文化遗产手绘地图"来具体展示实施过程。

（一）提出问题

1. 问题引入

中国是一个历史悠久、文化灿烂、旅游资源十分丰富的国家，不仅拥有巍峨的山川、秀美的河流，还有雄伟的建筑、数不尽的名胜古迹，自然景观与

人文景观交相辉映。众多的文化遗产闪烁着中国人民的智慧和勤劳的光芒。那么作为中国人的你对中国的世界文化遗产了解多少呢？怎样才能让更多的人了解我国的世界文化遗产呢？我们又可以怎样来介绍我国的世界文化遗产呢？

2. 认识与了解

主讲教师通过提问初步了解学生对中国的世界文化遗产的认识，然后提出现实目标——让更多的人了解我国的世界文化遗产，引发学生对"宣传形式""宣传内容"的思考，最终引导学生确定需要和限制因素，识别解决问题所需的知识、技能和方法。此环节中，学生要认识与了解我国世界文化遗产的相关知识，可通过教师传授或者学生收集资料来完成。

（二）准备阶段

2022年，杭州将举行亚洲运动会，也就是"亚运会"。我们可以利用这一契机在亚运村和运动场馆印发有关中国世界文化遗产的手绘地图，从而宣传我国的世界文化遗产，扩大影响力。之后，主讲教师提问："在中国世界文化遗产手绘地图上，该介绍哪些类别的世界文化遗产？可以从哪些方面分别介绍不同类别的文化遗产？"这些问题可以引发学生对世界文化遗产的深入认识，让学生了解世界文化遗产大致可以分为文物类、建筑群类和遗址类，可以根据文化遗产的类别有机选择外观、结构、历史背景、相关故事、基本现状、艺术价值等多个方面进行介绍。

主讲教师继续追问学生"我国的世界文化遗产数量众多，如何筛选各类别中的世界文化遗产进行地图绘制"，引导学生对同类别的世界文化遗产进行深入探究，了解它们的背景资料、影响范围、意义内涵等。

学生通过填写表1来进一步认识中国的世界文化遗产，为下一阶段设计和制作手绘地图做铺垫。

表1 中国的世界文化遗产分类及具体介绍

分类	具体介绍						
	中国世界文化遗产名录	地理位置	外观	结构	历史背景	艺术价值	……
文物类							
建筑类							
遗址类							

(三)阐述制作

教师出示中国地区行政区域图,提问:"我们可以在手绘地图上绘制哪些有关中国世界文化遗产的信息呢?"通过与其他手绘地图进行对比,学生展开对绘制手绘地图的思考,从世界文化遗产的地理位置、外观形象、附录信息等入手,想办法整合各类信息,从而达到宣传效果。

此环节,教师可以让学生尽情发挥;可以借鉴数字地图的方式在手绘地图相应的位置添加二维码,方便人们随时通过手机查看相关图片、音频、视频等;可以推荐旅行路线;可以将自己的一切真实想法表达出来并完成地图制作规划表(表2)。

表2 中国世界文化遗产手绘地图制作规划表

我需要的材料		填写绘制手绘地图需要的材料、工具等	
我选择的中国世界文化遗产	文物类		
	建筑类		
	遗址类		
附录信息类别及呈现方式		附录信息	呈现方式

（四）展示评价

在开展汇报时，每个团队围绕设计理念、团队分工、任务执行时遇到的困难及解决方法对子项目"制作中国世界文化遗产手绘地图"进行介绍和展示。现场汇报时，一个小组介绍，其他小组和教师作为评委对其手绘地图及现场汇报进行打分，评选最佳手绘地图（表3）。

表3 中国世界文化遗产手绘地图展示评价表

评量标准	手绘地图成果				现场汇报	总分
	文化遗产类别丰富	介绍内容翔实、清楚	地图画面清晰、美观	形式新颖，实用方便	口齿清晰，语言流畅，脱稿讲解	
分值	3分	5分	3分	3分	3分	17分
团队1						
团队2						
……						

（五）拓展提升

教师组织学生在可能的条件下对"中国世界文化遗产手绘地图"进行线上发布，记录使用者的反馈信息，引导学生进一步找出和分析不足的原因，尝试为达到更理想的效果而不断改进方案，最终形成解决方案，总结整个过程中取得的收获，同时反思存在的不足。

教师要支持成功团队分享活动成果，使学生体验成功的喜悦。这不仅是对成功团队的奖励，也是对其他学生的一种激励。

四、总结与反思

在同步课堂中的项目式学习设计与实施过程中，笔者也获得了许多经验和启发。首先，要充分了解参与同步课堂的学生实际情况，设计符合学生认知水平和年龄背景的项目主题,充分激发学生的求知渴望,促使学生自觉自愿探究世界。其次,善于引导学生在项目式学习中的团队合作,使得每一个学生都能尽其所能,获得参与感和成就感。最后,注重项目式学习中的过程性评价,关注学生的动态性发展,引导学生总结反思,学会迁移运用。

在同步课堂中实施项目式学习目前正处于探索阶段。在设计与实施的过程中,在总结与反思的基础上,如何充分考虑双方学生的特点进行项目设计,双方教师在项目推进过程中如何进行分工,默契配合,如何在实施过程中及时调整等问题,需要我们在未来更多更深地探索。

参考文献:

[1]夏雪梅.项目化学习设计:学习素养视角下的国际与本土实践[M].北京:教育科学出版社,2018.

[2]夏雪梅,崔春华,刘潇,等.学习素养视角下的项目化学习:问题、设计与呈现[J].教育视界,2020(10):22-26.

[3]薛祖红.大单元教学中的项目化学习——以五年级上册民间故事单元为例[J].教育研究与评论(小学教育教学),2020(08):61-67.

[4]张小宁.小学语文项目化学习的实施策略[J].山西教育(教学),2020(09):39-40.

[5]殷亚清.基于文本情境的项目化学习设计要点——以统编教材六年级上册《竹节人》为例[J].小学语文教师,2020(12):33-36.

项目式学习在小学美术同步课堂中的应用
——以"茶香四溢"项目为例

宁波市江北区第二实验小学　邬金燕
浙江师范大学教师教育学院　曹昕

一、研究背景

《义务教育美术课程标准（2011年版）》从美术学习方式出发，划分出"造型·表现""设计·应用""欣赏·评述""综合·探索"四个学习领域[1]。其中，"综合·探索"指通过综合性的美术活动，引导学生主动探索、研究、创造以及综合解决问题的美术学习领域。在教学内容上，它更强调美术各领域之间、美术与其他学科之间，以及美术与文化等方面的联系，鼓励学生在广泛的文化情境中理解美术，并表达独特的创意。因此，它需要学生对教学内容有更广泛和深入的理解。

这种需求在同步课堂中更为突出。由于师生比进一步降低、网络信号不稳定、直播画面卡顿等原因，参与学习的各个班级在课堂交流和美术示范中都受到了一定程度的限制。这些问题同样为开展综合探究活动带来了新的挑战，同步课堂的学生参与度较低，远端学生难以融入课堂。

笔者通过了解美术同步课堂的教学实践和研究相关的文献资料得知，

高质量的项目式学习能较大提高学生积极性,被认为是素养时代最为重要的一种学习方式。它指向学习的本质,能够把跨学科的内容融合到项目中,有利于培养学生解决问题的能力。可以看出,项目式学习和小学美术同步课堂相结合能更好地培养学生的综合素质,帮助学生掌握在未来社会中应具备的素质能力。它倡导以项目为导向、以学生为中心,强调学生在教师的指导下,自行处理一个相对独立的项目。信息的收集、方案的设计、项目的实施及最终的评价都由学生自己负责。学生通过该项目了解并把握整个过程及每一个环节中的基本要求,经过一段时间的调研、探究,致力于用创新的方法或方案解决一个复杂的问题、困难或者挑战,从而在这些真实的经历和体验中习得新知识、获得新技能。

这为笔者在同步课堂这个教学情境中如何上好美术综合探索领域的课题找到了突破口。但在实际的小学美术同步课堂教学中,开展项目式学习会遇到较多阻碍。因此,笔者通过设计探究、实践应用,总结教学经验,尝试提出项目式学习在小学美术同步课堂中的应用策略和实施建议。

二、项目式学习在小学美术同步课堂中应用的前期准备

(一)项目选题

课程内容一定是与学生的学习目标相关的,所以在确定项目选题时,可以参照课程标准中的学习目标,提取出本次项目式学习的目标,然后从学科教材中选择合适的教学内容,可以将所有符合的内容重新组织合并为一个项目。考虑到课时有限,本次笔者选择了浙美版四年级下册教材中《茶香四溢》一节作为课程内容展开教学实践。众所周知,茶的文化源远流长,它涵盖的知识面很广:与科学相结合,可以了解它的生长特点;与语文结合,可以感受茶的诗歌和历史;在书法中,可以学习"茶"字的不同书体的演变;在德

育中，又能了解茶的礼仪知识。当然，与美术结合，学生能够用色彩表现茶味，用造型表现茶具……该学习内容非常适合使用项目式学习来激发学生在广泛的文化情境中理解"茶"，从而服务于个性化的创作。

（二）设计驱动性问题

在确定选题后，教师需要设计一个真实的问题作为项目的驱动问题，当然也可以让学生参与设计。在项目式学习中，提问题的能力很重要，可以帮助学生形成探究能力，使学习深入下去。首先，我们鼓励学生对核心问题进行发散性提问。在本课中，学生根据"茶香四溢"进行头脑风暴式的提问。他们的问题天马行空，甚至不着边际，但这都是被鼓励和允许的，因为美术学习本身就提倡个性化，如果一开始就限制在条条框框里，就背离了美术课程的要求。在项目式学习中，驱动性问题需要有一定的挑战性，鼓励学生面对困难，勇于挑战自己。

（三）制定项目评价标准

项目式学习的学习评价不是单纯为了分出胜负或者区分好坏，而是让学生在反思自己、观察他人的过程中，发展批判性思维，学会表达与交流。但学生在评价时不一定能做出客观的判断，所以教师要确定好项目目标、相应的项目成果以及每一个成果的评价标准。同时，学生在学习时要按时进行自我反思并留下记录。这种过程性文件有助于教师对学生的思维习惯成长情况进行评估。这些评价标准需要描述一些清晰的、可观测的行为，具备易操作性。

（四）组织项目任务与活动

项目任务根据最后的项目成果进行规划设计，同时还需要配备相应的资料和材料。此外，在同步课堂中，双方教师需要根据已有的环境、资源条件等进行沟通，不断打磨活动设计，在确保每个学生参与的同时，提高趣味性和挑战性。准备好资源后，通过设计相应的自主学习、小组讨论、成果展示等环节,逐步解决驱动问题,让学生通过各个阶段的学习探索,最终形成项目成果并展示汇报。

三、项目式学习在小学美术同步课堂中应用的实践案例

接下来,笔者将以《茶香四溢》一课为例来具体阐述项目式学习在小学美术同步课堂中的实施步骤与应用策略。本次课例是以笔者执教的五年级同步课堂作为实践对象,共有3个班级参与本次教学实践。具体操作步骤如下:

(一)协同备课,集体准备,充分打磨

在同步课堂中,课前为学生预备学习资料,是让课堂具有可操控性的重要一步。

1. 学习资料需具备丰富性、层次性与美术性三个特征

首先,为了使学生在项目式学习过程中有足够的资料可供查阅,教师可以提供图文结合的书面资料、技能性的视频微课、有辅助思考的填空题和选择题等。这些资料通俗易懂且重点突出,为学生的个性化学习提供了充分的支撑。

其次,学习资料也需要具有层次性,帮助学生从知识中迸发灵感,并根据灵感习得创作技能与方法。在《茶香四溢》这堂课中,我们准备了有关"茶"的知识性资料、提供讨论的探究性问题以及美术"创作技巧"微课等。它们为学生深入学习、完成创作提供了步骤性的指导。

最后,学习资料要时刻体现着"美"。在本课中,我们提供精致有审美价值的图片,在文字和微课的引导中,也时刻落实"形与色"等美术的基本语言,这能为学生积累视觉素材,让他们在"美"的视觉图像的浸润下更多地理解"茶"。

2. 主端教师与助教教师协同备课,分工进行

在课前准备过程中,笔者作为主讲教师与远端的两位助教教师进行了

多次沟通,不断讨论和打磨教案。在共同备课中,教师们形成了同步备课小组,有助于统一教学过程。各教师根据分类认领任务,能帮助主端教师减少备课压力,同时提高助教教师的教学热情,提升同步课堂的教学质量。

在本课中,我们将茶分为"茶性""茶器""茶字"与"茶史"四个类别,它们涵盖了学生有可能感兴趣的大部分领域。分类后每位教师认领一两个类别,各自进行资料收集、提炼与编辑,录制微课。最后,所有教师一起对资料进行审核与修改。

(二)精准分组,精细分工,制定个性化学习方案

1. 深入了解学情,课前分组,明确分工

在课前,教师们分别对本班学生和全体学生开展了深入的学情分析,分析得出:学生开展项目式学习的次数不多,个人的信息收集与处理的能力和自主学习能力无法满足活动要求。因此,笔者确定采用异质分组开展小组合作探究。这样一来,学生不仅可以在解决问题时互相帮助、扬长补短,还能激发出创作灵感和探究兴趣。相对而言,同质分组更适合由学生任选创作主题与创作内容的课堂。

在本次教学中,三个班约120个学生,我们将每个班分为8组,每组5人,具体角色分工参考表1。在课前进行科学分组,明确每个学生的任务,既减少课堂上的时间消耗,又能提高每一个学生的参与感和责任心。

表1 小组分工角色

角 色	分 工
组 长	组织项目开展推进,合理分配工作与时间,协调组员意见做出决策
记录员	将谈论和学习的结果记录下来,并完成思维导图
发言员	负责安排汇报交流的分工与形式,展示成果与创意
纪律管理员	管理学习过程中的纪律,有任何冲突需要制止,有成员参与性不高需要提醒
自由人	由组长在学习过程中随机调配

2. 重视问题的提出、细化、分类,并根据问题制定学习方案

首先,我们鼓励学生对核心内容——"茶文化"进行发散性提问。其次,师生共同将这些问题归类。"茶的生长是怎样的?"应被归在"茶性"中;"茶的味道有哪些,给人怎样的感受?"也应被归类在"茶性"这一类别中;"茶壶是怎么样的?"属于"茶器";而"茶有哪些有趣的故事?"属于"茶史"……在一次次发散性提问与师生共同归类的练习中,学生发现问题、提出问题、分析问题的能力有所改进。而且,对问题探究得越深入,对这个项目才会有更深的理解,从而提高成效。

最后,根据每个组的兴趣,由各组组长认领一个学习类别与配套的学习资料,并制定学习方案。笔者认为,一个组在一节课的时间内是无法对"茶"有全面而深入的掌握的。因此,笔者让每组分别针对一个细分的类别展开探究,并提供该类别全面的资料供他们学习分析,尽量在有限的时间内,解决一个小问题,形成深入、透彻、有意义的学习。

(三)小组学习,营造多维度沟通的学习氛围

1. 读资料学知识,看微课习技能,生成学习成果

在教师的指导下,各小组修正完善项目计划并开展活动。首先,小组成员需要广泛阅读知识性资料,组内讨论探究性问题,并由记录员生成图文结合的学习成果。这些成果可以是一句感想、一段关键的摘录、较为系统的思维导图,或者是完成教师提供的题板。

在探究过程中,三端的教师用手机拍摄每组的学习成果,并上传至"钉钉"群,各端教师通过平板电脑将各组的成果图片投屏至白板。在初步学习告一段落时,主端教师邀请四个组的发言员上台汇报。通过汇报,学生们能粗略了解茶文化的四个方面。同时,汇报过程中,屏幕的图片和作品在三地由一体机屏幕展示,让三端学生能直观清晰地展示自己的学习成果。汇报之后,各组观看技能性微课,并进行美术创作。

在创作过程中，教师作为启发者和引导者深入各小组中，及时给予恰当的提示、讲解与示范，甚至可以跟他们共同学习。

2. 借助"钉钉"营造多维度沟通环境

项目式学习非常注重师生、生生的沟通交流。在同步课堂中，除了本地的师生、生生需要积极进行讨论，更要充分借助多种互联网技术平台，使三端的师生在语音和图像上沟通无障碍，激发每一端学生的学习热情。经过多次同步课堂教学实践与探究，笔者认为"钉钉"具备的多设备文件分享、投屏，以及远程视频通话、实时讨论等功能非常适合在小学美术同步课堂中使用。当一个小组有惊喜的创意产生，或者小组学习得特别投入，教师可以即刻拿出手机，将这些值得分享、记录的画面传给主端教师，并投屏在白板。针对"有限的"直播环境，教师需要协同起来，借助"无线的"移动端设备辅助教学，营造沟通无障碍的学习氛围，最终使教育成效最大化。

（四）团体创作，"线上+线下"展评学习成果

1. 团体创作，将个体的创意与团体的震撼相结合

在小学美术同步课堂中，还需要考虑如何将不同地域空间的学生们融于一体，从而激发学生的积极性，提高学生的参与度。例如，让每一组学生进行局部创作，最后由各个小作品组成全班的大作品。这样的形式既能展现集体协作的乐趣与震撼感，又能展现每一组学生的个人创意。

在《茶香四溢》一课中，"茶性"组所生成的色彩成为海报的背景；"茶字"组所生成的艺术字成为海报的标题；"茶器"组的作品是海报的主图；"茶史"组有趣的故事成为海报的配图。每组既解决了一个小问题，又能集结全班智慧完成一个团队项目作品。

2. 引导与评估，线上线下展览学习成果

教师需要为学生的展评提供评估标准，并引导他们对本次学习过程进行自我评估。此外，教师要提供展示平台，设计展示方式，预留展评的时间。

成果展示让学生懂得分享成果,并体验成就感,而自评、互评让他们能够获得能力和思维上的提升。

在成果汇报时,由于时间限制,主要由发言员对本次的项目进行演说,分享经验与心得,组内其他同学进行补充并回答提问。教师还会把学生的作品发布在各班"钉钉"群的班级圈里,供大家欣赏。在班内汇报结束后,还可以举办"茶文化海报展",面向班外的同学,在三端的校园中巡回展出。线上线下齐分享,使本次的项目式学习在成就感和愉悦感中结束。

班内汇报与班外汇报结合,可以让学生感受到完成一个真实的项目的全过程,体会到知识技能带给生活的实际用处,并以此次经验为基础迁移拓展解决生活中类似的其他问题,初步掌握发现问题、分析问题、自主收集信息、合作完成创作的方法。

四、实践思考与展望

经过多个课题的实践,笔者认为项目式学习在同步课堂中具有较明显的优势。首先,它为同步课堂中激发学生的积极参与提供新的思路,多端学生在知识技能方面较之前的传统教学有明显的提升。其次,它提升和锻炼了多端教师的协同教学能力。这样的同步课堂不再是主端教师的一言堂,助讲教师必须要全面参与教学过程。最后,它能满足每个学习小组个性化的创作需求,激发他们联想,提高创造能力,同时也锻炼了他们的沟通合作和自主学习的能力,并将这种学习方法迁移到美术学习的其他内容中。在之后的教学实践中,笔者将继续实践探究其他教学内容的活动设计并提出优化后的设计流程,为广大教师应用项目式学习进行小学美术同步课堂教学提供案例参照。

参考文献：

［1］中华人民共和国教育部.义务教育美术课程标准（2011年版）［M］.北京：北京师范大学出版社,2012.

［2］夏雪梅.2019基础教育风向标 项目化学习［EB/OL］.（2019-01-02）［2021-09-15］.http://www.rmzxb.com.cn/c/2019-01-02/2254451.shtml.

［3］叶明明.项目式学习法在美术教学中的价值探析［J］.美术教育研究,2018（06）：138+140.

互联网环境下的课后服务创新

宁波市怡江小学　沈小飞　葛剑英

一、研究背景及问题的提出

小学生放学早,家长下班晚,这一"三点半难题"已经成为中小学教育,特别是小学阶段家校协同中的现实困境,也因此成了学校、家庭和社会共同关注的问题。随着《教育部办公厅关于做好中小学生课后服务工作的指导意见》等政策的出台,各地中小学校积极推进课后服务工作的规划与组织,发挥课后服务主渠道的作用,以促进学生健康成长,帮助家长解决不能按时接学生的难题。

因此,本文所指的课后服务,主要的目标是在学生下午放学至家长下班接学生这一时间段内,学校整合内外部的教育资源,通过组织自学、作业辅导、开设拓展课程等形式多样的教育教学活动,在缓解家长接送难的同时,帮助学生健康成长,实现全面发展。

当前中小学校开设的课后服务,同时兼顾了课内知识巩固和课外兴趣发展。第一类服务主要立足课堂内容,引导学生通过课外学习来巩固、提高各科知识掌握程度。在实施中,主要面向学科基础知识较为薄弱和中等层次的学生。其中,对于学科基础知识薄弱的学生,课外学习的主要目标是让他们消化课堂教学内容,巩固课程知识。对于中等生,主要目标则是在让其巩固课程知识的基础上,帮助其完成对课程内容知识的体系化建构,帮助其从中等向优等发展。第二类服务主要定位于学生兴趣发展和综合素质的拓展,主要面向参与课后服务的优等生、特长生开设。通常,设置的课程是常规课程的延伸与拓展,例如小提琴、口风琴演奏等艺术类的课程,轮滑、篮球等运动类的课程,国画、书法等美育类课程等。

与常规时段的教学工作一样,在课后学习阶段的课程供给上,农村及教育薄弱学校往往会比城区学校面临更大的挑战。第一,由于农村及教育薄弱学校中的学生家长普遍工作时间更长,家庭教育的品质有待提升,因此这些学校的学生对于课后服务的需求往往会比城区学校学生更加迫切;第二,总体而言教育薄弱学校在教学条件、师资水平等方面与城区学校之间仍存在较大差异,仅整合学校自身的教育资源,往往会导致课后服务不足以满足各层次学生的发展需求,其品质无法得到保证,甚至导致课后服务沦为组织学生集体做作业的单一形式,久而久之还会引发学生的厌学情绪。

针对上述问题,学校在课后服务教育资源的整合上,除了尽可能挖掘本校教学设施和部分优秀教师的潜力外,往往会考虑引入部分校外培训机构。但对于薄弱学校而言,在优质机构遴选、教学条件配置甚至运行经费等方面都困难重重。

在这一背景下,本研究基于已经建立的"互联网+义务教育"技术设施,依托已经建立的农村及教育薄弱学校与城区优质资源学校结对帮扶联盟,探索依托专递课堂、网络课堂等形式,借助城区学校的优质师资与课程资源,助力教育薄弱学校构建课后服务体系,提升学生课后学习品质。

二、基于互联网的课后服务设计与实施

在本研究中,学校基于"互联网 + 义务教育"结对帮扶的协作基础,基于互联网环境对课后服务进行了创新探索,主要设计的应用模式有"基于混合式教学的学业指导模式"和"基于专递课堂的拓展课程实施模式"两种。在具体组织上,前者主要面向学业水平比较薄弱或者中等层次的学生,后者则主要面向学有余力的优等生。但是在具体的学员遴选上,学校也提供了较为自由的选择空间,允许学生和家长根据自身情况和发展意愿来进行自由申报。

(一)基于混合式教学的学业指导模式

这一模式主要面向学业水平较为薄弱或是中等层次的学生,主要目的是指导他们进一步梳理当日课堂教学的内容,建构扎实的课程知识结构。

在实施中,这一模式主要采用混合式教学的方式。通常,本校各年级的教学团队会将参加课后服务的学生的当日学情进行汇总分析,提前进行教学设计,并为学生整合针对性的教学资源,编制学生的学习任务单。

在教学资源的应用上,教师会整合学科组自建的校本教学资源库,同时也大量采用城乡结对帮扶学校共享的优质资源。此外,也会根据需要整合当地教育管理部门和互联网机构提供的教育资源公共服务站点,例如"之江汇教育广场""江北直播课""甬上云校"等。

学习任务单主要包括导学单、答疑解惑单。导学单主要是告诉学生学什么、怎么学、需要达到什么程度等,目的是引导学生进行有效、高效的课后自主学习。答疑解惑单主要是填写学生课后学习过程中遇到的难题,教师可以借此掌握学生的学习状况,便于开展针对性指导。

在教学实施时,教学团队首先会分别针对不同年级陈述当日教学的主要内容,并讲解分析当日课后学习阶段的任务与目标。之后,组织学生依据

学习任务单的要求,基于互联网资源开展异步学习。学习之后,学生完成当日布置的家庭作业,教师当场给予批阅。作业批阅完成之后,教学团队则分工协作,组织针对性的指导与点评活动。具体的组织形式视作业的不同情况而定:如果学生在作业中出现的问题因人而异、比较零散,则通常采用教师个别指导和学伴之间相互帮助的方式来解决;如果作业中呈现的学习问题是比较普遍且有共性的,教师会针对相应的学生群体进行统一的讲解与梳理。

为了更好地指导参与课后学习的学生,学校也建立了学情跟踪分析的工作机制。主要的做法就是为借助信息技术系统,为每一个学生建立课后学习电子档案。电子档案包括基本信息、周计划与日常记录三部分。其中,基本信息包括姓名、班级、主要学习内容等;周计划记录了学生每周要做什么、怎么做、要达到什么目标等;日常记录部分则主要收集学生在每次课后学习后上传的学习成果,形式可以是语音、视频、作业照片等。

(二)基于专递课堂的拓展课程实施模式

在学校常规时段的教学中,已经基于"互联网+义务教育"结对帮扶协作,建立了比较成熟的同步课堂教学实施体系。在这一模式的课后提供学习服务可以理解为是常规时段同步课堂实践的延伸,也就是说主要由本校与结对学校协同,组建教学团队,面向参与学习模式的学生,综合采用直播授课、实时答疑以及线下指导等形式来提供学习服务。只是因为在这一模式下开展教学时,结对学校并没有同类班级参与学习,所以在具体的组织形式上属于专递课堂而不是同步课堂。

在教学内容上,这一模式的教学主要以学生兴趣拓展和综合素质培养为主要目标,但是在实际的教学过程中,也会针对课堂教学内容做适度的延伸和拓展。要说明的是,由于学生的兴趣、特点和发展意愿存在较大差异,而专递课堂又具有统一步调的特性,所以在每一学期具体课程主题的确定上,受条件限制无法做到同时满足所有学生,而只能采用人数相对集中并且本校与结对学校教师能够提供的主题。

在教学组织上,每一学期学校均会对参与这一教学模式学生的发展愿望、已有基础等开展详细的学情调查,同时结合本校和结对校师资储备情况寻找结合点。在教学实施上,由本校和结对学校的教师协同组建教学团队,基于教学主题与学情协同备课并组织实施。但是与前一模式不同的是,这一模式下教学方案的制定频次通常以周为单位进行,也就是说,教学团队会提前一周来开展网络合作,对下一星期要开展的专递课程的教学内容、教学活动、学生学习任务与评价方案等进行提前设计。

专递课堂的教学组织形式,基本上与常规课时阶段的同步课堂实践类似,其采用的教学方式也会依据主题和学生特点进行灵活设计。但总的来说,相比常规时段的同步课堂教学,会更加凸显学生主动参与和自主服务的意识。例如在常规的同步教学中,教师更多地承担了教学内容传授与讲解的任务,但是在课后学习的专递课堂教学中,诸如解题思路分析、解题示范等任务环节会更多地交给学生来实践,以发挥学生自主反思、同伴互助的作用。

三、实践成效

在经历较长时间基于互联网技术的课后学习实践模式的探索与实践后,学生不仅在文化课的学业水平上有不同层次的提升,在音体美等课程上也成绩斐然。仅一学年,就有 71 人次获得区级及以上的荣誉,部分还获得了国家级和省部级荣誉,例如全国七巧板总决赛一等奖、二等奖各 1 项,全国头脑奥林匹克三等奖 1 项,学生表演的儿童剧、越剧分别荣获省二等奖。

借助这一模式的探索,学校也营造了良好的信息技术教育应用氛围,扎实有序地推进了智慧校园建设工作,先后被评为浙江省义务教育标准化学校、宁波市"数字化校园"、宁波市现代化达纲学校、宁波市"优秀教育机构空间"和宁波市"智慧校园"。经过几年对互联网技术下的课外学习的辅导与跟进,教师、学生在各类比赛中也能屡获荣誉,学生在小升初的学业测试中的成绩逐年提高,与优质学校的差距逐年缩小,为信息技术助力区域教育均衡发展提供了一个鲜活的案例。

参考文献:

[1]黄解放.今天,教师应该怎样上课[J].人民教育,2008(09):23-25.

[2]周险峰,张园园,吴泽峰,等."因材施教"的现实困境与突破——"自分教学"的新探索[J].当代教育理论与实践,2020,12(01):22-29.

[3]陈实,梁家伟,于勇,等.疫情时期在线教学平台、工具及其应用实效研究[J].中国电化教育,2020(05):44-52.

[4]汪孝泉.基于大数据诊断推进个性化学习的精准教学实践研究[J].中国理科园地,2019,15(04):10-11.

CHAPTER FOUR
"互联网+"与教师专业发展

"互联网+"环境下教师专业发展的新途径

金华广播电视大学　王一丹

一、"互联网+"与教师专业发展

随着时代的发展,信息技术与互联网逐渐渗透到人们生产和生活的方方面面,"互联网+"理念也席卷到社会各个领域,推动着生产、生活的变革。在教育领域,以互联网为代表的信息技术也正成为新一轮教育教学改革的驱动力。《中国教育现代化2035》《教育信息化2.0行动计划》等一系列政策文件的出台,在国家层面为深化信息技术教育应用,推动教育事业创新发展奠定了基调,谋划了蓝图。教育信息技术的关键在应用,因此新时代的教育发展也要求教师提升信息技术应用能力,善于利用互联网、智能技术等为教学创新和学生发展创设更多更有效的空间。与此同时,互联网等信息技术也为教师的专业发展提供了助力,开辟了新的教师能力提升途径。

将互联网技术应用到教师专业发展最早可以追溯到基于在线文本的教研,以博客的兴起为标志。最初主要是教师的自发行为,通过将自己的教学设计案例、教学反思、教学经验等以文字的形式记录下来,相互浏览,自发研讨,进行在线沟通与交流。

因为这种非正式的教师研讨活动形式比较松散,没有监督和质量监控,所以效果也是因人而异。而后,一些由教育主管部门和学校正式组织的在线社区和网络研修工作坊逐渐兴起,与之前的博客相比,这一模式下教研内容更加丰富,活动更多样。同时,借助主管部门的规划组织,研修活动的专业性得以提高,对教师专业能力提升的针对性也更强。当前,基于互联网的教研已经被教育主管部门接纳并用于教师专业发展培训中。

近些年,随着移动技术、人工智能等技术的进一步发展,互联网在教师专业发展中的应用又出现新的契机。首先是随着"三通两平台"等工程的深入推进,基本上构建了覆盖全国的教育资源公共服务平台、教师网络空间、班级教学空间。这些平台不仅成为教师教学创新的实践场所,同时也成为教师专业发展档案的系统,可以通过实时记录教师行为和数据,方便对研修教师的组织、管理、评价与监督。其次是大数据分析和人工智能技术的发展与应用推进,也为教师在互联网环境中的专业发展活动提供了更多助力。例如,相关系统可以依据教师数字画像进行专业发展资源的精准推送,或是对教师上传的课例视频进行自动分析、标注和智能评价等。这些既提升了教师个人层面专业学习的有效性,也为集体教研活动的设计与组织提供了新的思路。

二、互联网助力教师专业发展的应用途径

当前"互联网+"应用创新的整体背景下,依托现有的教育网络、应用系统等信息技术基础设施,互联网可以从教师个体、学校甚至区域层面为教师专业发展提供助力,开辟新的应用场景,主要包括以下几种途径。

(一)构建研修社区,群体研修

随着网络技术的不断发展,在线社区和网络研修工作坊在教育领域的

应用也越来越广泛,已经建构起来的研修社区也不少,例如由教育部主办、中央电化教育馆负责运行和维护的国家教育资源公共服务平台,已经成为集学习、交流、教研等功能为一体的教育服务平台。除此之外,每个省份也会有自己的教育资源平台,比如浙江省的"之江汇教育广场"。借助这些教育主题的网络系统,教师们可以进行资源分享、学习、交流互动等。每位教师还有自己的个人空间,可以将自己的教学案例、教学反思等进行实时记录和整理,以便于教师能定期回顾并总结经验。

以浙江省"之江汇教育广场"为例,除了"教师空间""名师工作室"等栏目,还开辟了专门的在线社区。各级教研员、师训员和骨干教师可以依据研修需要,申请并建构一个在线研修社区。社区中的学习共同体成员通过参与话题研讨、资源共享和线上教研活动开展群体研修,提升自我,实现教师专业发展。其中,话题研讨包括发表新话题和参与话题讨论,发布文章和评论,针对某一教育主题发表自己的见解与疑惑,其他教师通过发表评论的方式参与到话题研讨中。在讨论结束之后,每位教师需要通过再一次对内容进行整理和反思,最后将其消化、吸收、内化为自己的知识,从而实现自我成长。这一形式类似于线下的头脑风暴,比较适合教育信息共享、教育资源聚合以及教育问题研讨等情境。

(二)资源聚合,自主提升

互联网的发展除了促进网络研修社区的发展与应用,也加快了以中国大学 MOOC(Massive Open Online Courses,以下简称为"MOOC")为代表的在线课程资源的推广与应用,不仅对传统的学习方式产生了影响,对教师来说也是一种重要的专业发展途径。

在传统模式中,教师实现自我专业发展往往是通过参加集中面授培训,在固定的地点和时间完成课程学习。这种方式虽然可以让大部分教师在较短的时间内接受尽可能多的专业知识与技能培训,但缺乏个性化。而

MOOC却变革了这一组织模式。MOOC是指大规模在线开放课程,具有工具资源多元化、受众面广、易于使用等特点。借助MOOC,教师可以随时随地开展自主学习。

更重要的是,随着在线学习的普及,MOOC上的资源逐渐丰富,且大部分为免费课程。这样,教师可以根据自身知识结构特点,针对自己的薄弱项和发展需求,自主选择适合自己的研修内容,开展个性化学习。同时,当前MOOC中采用的主要教学资源形式是时长为5—10分钟不等的微课视频,教师可以利用碎片化时间进行学习。这不仅可以进行更加有针对性的学习,同时也解决了教师的工学矛盾,节约了外出学习的各项成本。当然,MOOC学习虽然无门槛,但辍学率也非常高。据统计,参加学习的用户中有一半用户并未真正参与课程学习,而参与课程学习的用户中大约只有一半的用户可以完成课程学习。究其原因,这类学习往往都是教师的自发行为,属于自主学习行为,缺乏制度的监督和约束,需要教师具有较强的自主学习能力和自制力。

(三)校本教研,混合式研修提升

在现有的教育专业发展培训制度中,教师每年都需要完成一定量的培训学时。这类培训既包括由当地教育主管部门组织规划,由教师自主选课并在指定的时间段内参加的正式培训,也包括由各校依据自身教育事业发展和教师队伍建设需要而开展的校本研修。无论是主管部门组织的正式培训,还是校本研修,通常采用的形式主要包括专家讲座、集体备课、听课评课等。

互联网的出现,也为上述培训在组织形式与研修活动的设计上提供了创新的可能,即可以在传统线下研修的基础上,借助在线研修平台进行拓展与延伸,以线上、线下整合的方式开展混合式研修,整合两种研修形式的优势,突破其限制。特别是当前,我国已经积累了较为丰富的教师专业发展在线研修资源,可以很好地为混合式研修提供支撑。这些资源除了前文提到的 MOOC 资源之外,还包括教师自发共享的教学资源以及教育主管部门主持建设的精品资源。例如国家教育资源公共服务平台中的"一师一优课、一课一名师"、浙江省之江汇教育广场中的"一师一课"和"名师金课"栏目,汇集了各地名师的精品课例与优质资源,可以作为线下培训的较好补充。

基于互联网开展研修,还可以发挥信息技术在信息传播与资源存储中的优势,给研修学习活动创新、生成性资源积累和教师专业发展档案建构等提供良好的支持。例如在线上集体研修过程中,教师即使因为上课或其他事务冲突而无法到场,也能借助在线平台异步参与教研活动,随时随地、反复进行听课和记录;在课例研磨活动中,传统的线下评课方式往往只允许少数几位教师参与评议,但是在互联网技术的听评课活动中,借助研讨平台,所有教师均可以基于自身视角参与评价与讨论,而这种差异化的观点交叉往往会使研讨更加多样和深入。

随着技术发展,目前许多专业的教研平台具有智能分析和诊断功能,这也为基于教师个性化需求的精准研究实施提供了基础。当前,很多在线研修平台可以对教师研修活动的数据进行记录与分析,借此不仅可以生成每位教师的数字画像,也能在后续实践中为其生成个性化的研究与指导方案,还可以借助数据统计与建模,来了解整个教师群体的教师专业发展现状与特征。

三、互联网环境下实施教师专业发展活动的建议

(一)重视专业发展规划与组织,整合正式培训

教师专业发展的目标是提升教师的专业能力,提高其教育教学活动的成效,并借此助力学校教育品质的提升和教育事业的发展。因此,有效的教

师专业发展必须与学校的发展愿景与建设规划衔接,整合到学校的总体发展框架之内。

但是教师专业发展又有比较明显的个人特质,需要基于教师已有基础、发展意愿和兴趣特长等开展,在发展的方向上存在着多样性。为了发挥教师专业发展对学校教育事业发展的助力作用,学校应该针对全校教师的专业发展做好整体规划,把教师专业发展的组织管理纳入学校教育管理工作体系中,建立完善的教育专业发展管理制度,并与校本研修、线下短中期研修等正式培训的形式加以整合,为教师的专业发展提供助力与支持,以发挥教师专业发展对学校教育发展的作用。

(二)激发教师培训热情,形成持续发展动机

教师进行专业提升是保证教育质量的一个关键。但是部分教师也存在培训热情不足,专业发展活动流于形式的现象。这一方面可能与培训内容单一、陈旧、没有针对性有关,但更重要的还是教师自己的学习动机不足。学习动机分为内部动机和外部动机。教师专业发展培训机构和学校虽然可以通过优化设计,提供外部诱因激发其外部动机,但是由教师自身对专业发展的兴趣、热情而激发的内部动机才是学习动机的核心,也是影响教师专业发展成效的关键。

认知教育心理学家奥苏贝尔认为,学习兴趣与求知欲可以激发学习内驱力,包括认知内驱力、自我提高内驱力和附属内驱力。当教师内心深处认为自己还存在许多知识盲区,需要进一步学习,或者教师想通过学习知识和技能来提高自我的岗位胜任能力时,往往可以激发教师的内部动机。因此,管理部门需要在教师内部动机的激发上加以关注,同时在工作环境、管理制度、激励方案等方面为其创设积极氛围。例如,要给教师们营造积极向上且相对自由的工作环境;鼓励教师组成学习共同体互帮互助;在开展教师专业发展培训时,尽量进行需求调研,设计适合教师的培训内容,提升学习兴趣等。

(三)持续优化技术设施及应用系统,完善资源优胜劣汰机制

"互联网+"时代,学习平台和信息资源极其丰富,教师可以突破时空限制便捷地分享和获取资源。网上有着大量教案、教学课件、教学视频等资源,但是这些资源在上传平台的过程中往往缺乏审核机制。这也就导致了网络上的资源质量良莠不齐,让大部分教师,特别是信息技术能力水平不高的教师,更加难以找到需要的高质量资源,所以也需要进一步完善资源审核和优胜劣汰机制。

同时,技术平台或系统的用户体验也是一个重要的影响因素,如果在使用过程中经常出现资源找不到、无关信息过多、平台卡顿等问题,教师对该平台的使用信心和使用欲望也会降低,所以在平台设计上应尽量做到简洁易用、功能完善,确保在用户使用过程中尽量少地出现技术问题,提升教师的用户体验感。

参考文献:

[1]包国庆.基于信息化的教师专业发展[J].电化教育研究,2004(09):1-4.

[2]马宁宁.基于"互联网+"的欠发达地区农村教师专业发展现状与对策研究[D].济南:山东师范大学,2019.

[3]马香莲."互联网+"时代教师专业发展的重新解构[J].现代教育技术,2016,26(06):41-46.

[4]胡小勇,徐欢云."互联网+教研"形态研究:内涵、特征与趋势[J].电化教育研究,2020,41(02):10-16+31.

[5]胡小勇,曹宇星.面向"互联网+"的教研模式与发展路径研究[J].中国电化教育,2019(06):80-85.

[6]赵建华,姚鹏阁.信息化环境下教师专业发展的现状与前景[J].中国电化教育,2016(04):95-105.

[7]崔俊阁.互联网+教育背景下教师专业发展新探[J].中国成人教育,2016(11):136-139.

[8]宋灵青,许林."AI"时代未来教师专业发展途径探究[J].中国电化教育,2018(07):73-80.

[9]孙宽宁."互联网+"时代教师专业发展的危机与应对[J].教育研究,2016,37(06):16-17.

[10]颜银凤."互联网+"背景下教师发展共同体的调查研究[D].济南:山东师范大学,2020.

[11]王鑫."互联网+教育"背景下高校教师专业发展路径[J].继续教育研究,2017(01):92-94.

基于互联网的校际教师专业发展共同体的构建与运行

宁波市惠贞书院 李晓蕙

一、共同体与教师专业发展

"共同体(Community)"概念最早于1887年由德国社会学家滕尼斯在《共同体与社会》一书中提出[1],他指出共同体的建立要以相关人员本能的中意、习惯的制约或是共同的记忆作为基础[2]。基于这一思路,莱夫和温格在《情景学习:合法的边缘性参与》中将其发展为"实践共同体",认为它"包括了一系列个体共享的、相互明确的实践和信念以及对长时间追求共同利益的理解"[3]。今天我们所说的教师专业发展共同体即一个典型的实践共同体。在这里,作为主体的教师,通过共同实践,协同实现共同体的目标,同时获得自己的专业发展。

教师职业的特点,决定了一位优秀的教师需要持续进行专业发展。除了通过进修、学习、讲座等方式之外,参与实践共同体,借助群体实践活动、沟通交流、自主反思等也被认为是一种重要的专业发展方式。当前,构建教师专业发展共同体也已经成为各种类型的学校探索教师成长、学校发展,促进教育现代化的重要途径。

近些年,互联网技术的深度应用为教师专业发展共同体的建构提供了新的应用潜力。借助远程视频会议系统、网络教学平台等应用系统,共同体的构建、组织、运行上得以突破时空的限制,使得构成跨越学校和区域的校际教师专业发展共同体成为可能。

二、活动理论视角下的教师专业发展共同体

关于实践共同体的运行,维果茨基、列昂捷夫和鲁利亚等人在提出的活动理论中有过深入的分析与建构[4]。这一理论认为,共同体中的人与所处的社会群体和自然环境间存在着双向交互的过程,并在这一过程中实现了人类个体和群体的发展,同时强调了活动在人类知识技能内化与发展中的桥梁作用。这一理论的框架如图1所示。

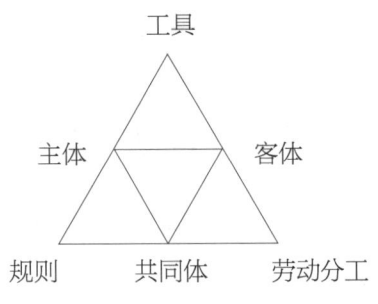

图 1 活动理论系统结构

依据活动理论,活动系统包含三个核心成分:主体、客体和共同体。主体即为共同体中的个体,对应到教师专业发展共同体则指每一位教师成员;客体指的是共同体中成员可以操作的对象,包括活动的目标、内容等;共同体中所有个体的集合则相应地构成了共同体本身。

此外,要确保共同体的运行与活动的开展,还需要三个次要成分,即:工具、规则和劳动分工,这三者也构建了核心成分之间的联系。其中,工具可以理解为活动开展依赖的环境、资源等元素;规则主要是指用来协调共同体成员的约定;劳动分工则主要是在活动运行过程中,成员之间的任务分工与权责划分。

三、基于互联网的校际教师专业发展共同体的构建

2016年,宁波市江北区启动"互联网 + 义务教育"试点工程,区内惠贞书院、修人学校和灵峰学校启动了构建校际专业发展共同体,结对帮扶与协同发展的实践。其中,在教育资源与发展基础方面较为突出的惠贞书院主要作为支援方,而修人学校和灵峰学校则作为受援方。

(一)共同体及运行形式的规划

理想的实践共同体中,整体绩效应大于若干个个体的绩效之和。这就需要在共同体的愿景规划与运行形式等方面进行适宜的设计,促进成员间的协作与互助,并聚合为共同体发展的合力。

1. 愿景引领,凝聚共识与力量

要在共同体中凝聚合力,必然要求每位成员朝着共同的目标努力。因此,教师专业发展共同体必须在一个"共同愿景"的感召下,建立教师自我超越、团队合作、思考交流、协同成长的发展群体,而"共同愿景"的规划则是教师专业发展共同体的核心部件。

首先是基于三校发展规划,寻找交集,资源互补,以此来确立三校共同的发展目标,并将其作为共同体的发展愿景。其内容是关注全体教师尤其是青年教师的成长,并借助互联网技术联结城乡学校,实现资源共享,传承学校文化,建设学习型校园。

在这一愿景引导下,共同体又将共同目标分解为不同教师群体及个人的起点与诉求,指导建立各自的发展目标。这里的共同体涉及校际的同步课堂教师、教研组、备课组、课题研究组、青年教师团队等多个群体。例如三校的青年教师学习共同体,基于共同体的愿景,将群体的发展目标定为"共思·同心·体悟,建'智教乐研'型校园"。共同体中的每一位教师,同样需要在共同体和所在群体发展目标的框架下,建立个体发展规划,以实现个人

规划与学校目标同频共振。

2. 重视运行形式设计,以活动促发展

"活动"是共同体动员和组织成员参与协作实践的载体,也是共同体运行的重要形式。就教师个体而言,在实践活动的过程中,逐渐熟悉、理解和内化共同体的规范与要求,融入共同体甚至成为团队核心人物的过程,本身也是其专业发展的过程。莱夫和温格在《情景学习:合法的边缘性参与》一书中曾专门论述学习者在共同体实践情境中的这种发展方式,并将其称为"合法的边缘性参与"[3]。

在共同体构建实践中,针对不同群体的发展目标与成员特点,对运行形式进行了灵活的设计,主要包括主题沙龙式、观摩分析式、指导示范式和双向互动式等4种。其组织方式及主要实施流程如表1所示。

表1 共同体活动形式

活动形式	组织方式	主要流程
主题沙龙式	成员围绕某一主题展开线上研究、交流分享,所有学校均可作为发起方。	①三校商讨,拟定主题;②线上评估,分析学情;③规范思考,实施方案;④评量质效,提炼成果。
观摩分析式	成员针对教学内容处理、教学方法策略等作授课示范,开展听课、议课、评课等活动,主要由支援方发起,其他学校参与。	①课前探讨,共议学情;②课堂飞递,同步示范;③观摩共思,互动分享;④资源统整,完善提升。
指导示范式	受援方青年教师在本校教研组指导下,针对特定主题进行授课示范、交流分享、反思体悟,主要以受援方发起,各校联合参与。	①研讨内容,专属定制;②互联展示,智慧碰撞;③重构课堂,指导示范;④优化教学,提升能力。
双向互动式	三校中任意两方就某一主题或教研内容交流观点,发起研讨,邀请各校成员参与。	①基于立场,两校合作;②双向互动,多维支持;③全员参与,全程共享;④挖掘共性,缩小差异。

(二)规则保障,分工协作,保证持续运行

合理的分工与规则设计是确保实践共同体正常运行的重要支撑。相较于传统的实践共同体,基于互联网的校际共同体因其在地域上的分散性,各校之间不存在等级化的组织管理结构,同时各校成员的年龄、资历和技能基础迥异,因此要确保共同体有效运行,活动有序组织,群体规范与分工的设计更显重要。

1. 构建共同体层级管理与协商机制

首先,共同体中三所学校联合成立校际核心领导团队,由各校校长和分管校领导、科室负责人组成,主要职能为共同体规则制定、方案规划和资源协调。

在此基础上,各校组建校本研修工作领导小组、各学科教研组。他们除了完成本校的校本研修与教师专业引领工作外,在共同体实践中也承担着督促、指导和组织的职能。

这种层级制的管理架构,使得共同体的运行可以借力学校的组织架构、行政管理和规章制度,确保教师更深层次地投入到共同体实践中,也为共同体的有序运行与建设发展提供了保障。

2. 实行契约管理,建立个人发展考评制度

为了督促教师在共同体建设目标的框架下,基于各自的起点均有发展提升,本实践采用了契约制的方式,要求参与共同体的每一位教师,结合自己的发展起点与专业兴趣签订书面契约,以此促进共同体成员的自我约束、自我规范,提升实践活动的参与质量。契约约定了共同体建设过程中需要达到的个人目标以及其他规范,例如应遵守的教师专业发展共同体研修章程、可享受的权利与应履行的义务等。

为了指导教师个体发展规划的制定与契约条款的设计,各校基于各自校情也制定了相应的规范。例如惠贞书院制定了《惠贞书院小学部青年教师专业成长工作实施方案》,对不同年龄段教师分别提出成长要求,指导教师分别就自己的学习指标、师德成长、业务规划作出三至五年的规划,并依据配套的评价制度开展定期考评,对教师个人规划的完成度、权利义务的执行情况等进行评估,并给予相应的激励。

(三)创设环境,整合资源,强化共同体"工具"支持

要确保共同体健康发展,还需要创设建设运行的环境与资源条件。对基于互联网构建的校际共同体而言,除了常规的场地、指导力量等软硬件环境外,突出的一点是还需要创设用于网络沟通、协作的技术环境。为此在本项目中,各校首先装备了双向音视频互动设备,配合原有的网络教研、在线教学等应用系统,构建了可以支撑校际教研、学习等需求的在线环境,并组织了全员的教师操作培训,为共同体活动的开展提供了基础。

此外,在共同体的建设过程中也注重对软环境和资源的积聚。共同体除允分发挥校内共同体成员中名师、骨干的引领作用外,也整合了高校专家、各级教研员、名师等作为外部专家,通过驻校指导、项目合作等方式,为共同体的运行建设提供智力支持。

四、基于互联网的校际专业发展共同体实施建议

基于互联网的校际专业发展共同体促进了校际教育观点的交流和教育资源的共享,特别是为教育薄弱学校教师专业成长和学校发展提供了新的途径,客观上也促进了校际教育的均衡。基于本案例的实践经验,研究者认为需要在活动理论框架的基础上,关注以下方面。

(一)借助信息技术,提高活动的多样性与灵活性

信息技术的助力,为共同体活动在组织形式、学习方式、学习环境等方面提供了新的可能,同时也为活动样态与组织方式的创设提供了可能。

在组织形式上,借助双向音视频互动系统,辅之"钉钉"、微信、QQ等网络应用,使得集体学习、小组学习和个别化学习均得以实现。在学习方式

上,则可以采用专家讲授分享、课例探讨交流、主题沙龙、双向互动等丰富的形式。在学习环境上,则提供了线上、线下及其混合式研修等多种方式。因此在互联网技术支撑下,校际专业发展共同体的组织形式更为灵活,受时空的限制更小,操作也更为方便。

(二)认知发展与实践同步,助力教师实践知识养成

校际教师专业发展共同体的成员虽有着一定的共同发展愿景,但也具备一定的异质性。尽管他们身处异地、身份不同,但地位完全平等,彼此相互信任、相互尊重,这改变了以往教师在培训交流过程中只是被动接受的状态。温格认为,人类知识都是通过社会互动获得的。在学习中,只有将共同体成员根据兴趣、特点、特长的不同进行分组,给予充分展示的空间,激发共同体成员的交流讨论,积累解决实际问题的能力与方法,促进成员间的实践与合作,重视群体反思,促进群策群力,才能真正提升教师的专业素养与能力,促进共同体成员的协同发展。

(三)创设氛围,激励参与,促进教师深度参与

参与共同体活动是促进教师实践性智慧养成的重要且有效的途径,需要引导教师由"合法的边缘性参与"逐渐发展成为活动的核心力量。这一过程的实现不是通过导师和管理者的监督,而是取决于学习者能否在实践中学习并深入其中。

为此,在共同体实践中,应关注教师心理的适应度及其与共同体的融合度。随着教师理解的不断加深、知识不断发展,他们在共同体中的位置也会相应地由边缘向中心转移,即从初级学习者转变为有丰富经验、有职业素养的从业者,并在此过程中,教师也能更深刻地体悟教育的价值,获得彰显才能的自信,养成学习、反思、交流的三大习惯,唤醒专业发展的内在动力。

参考文献：

[1] 斐迪南·滕尼斯. 共同体与社会[M]. 北京：商务印书馆，1999.

[2] 陶玉州. 以共同体建设促教师专业发展——小学信息技术区域教研共同体的实践与体会[J]. 中国现代教育装备，2017（20）：71-73.

[3] J·莱夫，E·温格. 情景学习：合法的边缘性参与[M]. 上海：华东师范大学出版，2009.

[4] 黄兴丰. 上海数学课堂的编码研究[M]. 南宁：广西教育出版社，2009.

"互联网+校际同步教研"模式及其应用策略

宁波市惠贞书院 童洋洋

一、互联网环境下的校际同步教研概述

(一)互联网与校际教研

从专业素质结构的角度来说,优秀教师应该具备专业知识、专业技能和专业态度三方面的素质,重视理论与实践的整合,强调实践性知识与实践技能的提升。这也意味着教师专业发展的途径除了进修、讲座等知识授受的方式外,还需要在实践性、情境性的场景中借助反思和交流来完成专业知识的建构和专业能力的提升,而教研正是其中运用颇广的一种。

所谓教研,即教育教学研究,通常是指基于特定的主题,以教师群体为单位,发现教学问题,研究教学方法,总结教学经验,并将研究成果进行提升、传播和整合的过程。依据教研活动的组织单位不同,教研活动通常包括校本教研、校际教研以及区域教研等不同层次。其中,校际教研活动由两所或更多学校的教研组构建联盟开展实施,一方面可以提供比校本教研更多元的研究视角,另一方面相比区域教研又可以更多关注不同教师群体的个

性化专业发展需求,并在组织与实施上更具灵活性。因此,构建校际共同体,开展校际教研已经成为当前中小学校教师专业发展的重要途径。

当前,以高速互联网为载体的数字沟通与协作技术已经得到广泛的应用,并将当今社会带入了"互联网+"时代。在教育领域,"互联网+义务教育"应运而生。以浙江省为例,自2019年起,已全面推进互联网与教育教学深度融合的区域性探索,全省设立"互联网+义务教育"实验区15个,有2000所学校参与"互联网+义务教育"实践。工程明确将教师网络研修,即基于互联网的校际同步教研作为四大实践形式之一,要求城乡结对帮扶共同体中各学校的教师基于网络平台开展集体备课、教学诊断和主题研修活动,借此促进教师专业发展,提升城乡教师教学整体水平。

(二)"互联网+校际同步教研"的优势与挑战

本文所指的"互联网+校际同步教研"(以下简称"同步教研")指的是分布在两所或者两所以上学校的多个教研组,基于互联网组建研修共同体,基于共同主题与目标,协同探索教学解决方案和教育方法的一种教研形态。相比传统的线下校际教研活动,这一新的教研模式具有以下几个方面的优势。

1. 利用"互联网+"环境,突破时空局限,扩大教研活动的受益面

传统教研活动在活动时间安排和组织上具有较大的局限性,并且"一次性"的教研活动难以使参与的教师对于教学问题有效建立深入的思考和领悟。同步教研借助现代信息技术,打破各校空间壁垒,使农村学校教师不出校门就能参与分享优质校教研过程与成果,并在成果的应用过程中可方便得到优秀教师的指导,实现从理论到实践的转化并助力农村学校的课堂教学。

2. 组建校际教研共同体,促进城乡教师协同发展,推动教育均衡发展

同步教研使得教师研修从"封闭"到"共享",从"单兵"到"团体",将教师的个体研修转变为教研共同体中的群体研修。城乡教师互通共研,协同

发展,授受相长,推动了教育的优质均衡发展。

3. 建设同步教研成果共享空间,实现资源集聚与共享,服务教学实践

传统教研活动开展过程中的各项资料如活动方案、教学设计、活动反思、活动总结等宝贵资料往往由活动组织方进行保存。而在同步教研中,相关的教研活动以技术系统作为中介开展,资源的存储、分享与归档更为容易,有助于生成性资源的积累与应用。

但是,同步教研因为涉及主体较多,且各有差异,同时其活动组织形式需要以技术作为中介,在实施中也存在着许多挑战。

第一,城乡学校及教师之间的差异。城乡学校由于资源配置、生源等不同,因而发展需求与目标定位也不同。同步教研要有效开展,必然需要在不同学校之间寻找一致的发展目标与协作空间。同样的,同步教研的实施也要正视城乡学校的教师在发展起点、教学能力等方面的差异。

第二,技术系统与组织模式的滞后。"互联网 + 义务教育"推进过程中,基于双向音视频通信技术构建了沟通与协作环境,但当前的技术设备还不足以支撑像面对面一样便捷的互动,关于同步教研如何组织,也缺少成熟的模式可以参照。

二、"互联网 + 校际同步教研"模式及其运行

宁波市江北区是浙江省教育厅 2020 年 5 月设立的 15 个省级"互联网 + 义务教育"实验区之一。构建互联网环境中校际同步教研的有效实施模式,探索"互联网 + 义务教育"技术情境中的教师专业发展途径,助力区域内教育均衡发展正是实验内容之一。

(一)线上线下混合的同步教研组织架构

江北区十分关注教研组织架构的规划,并认为只有教研参与者、指导者

和管理者各司其职,分工明确,才可以确保同步教研的有序组织,最终在实践中形成包括校际同步教研共同体、外部专家、管理与支持人员明确分工的组织架构(如图1所示)。

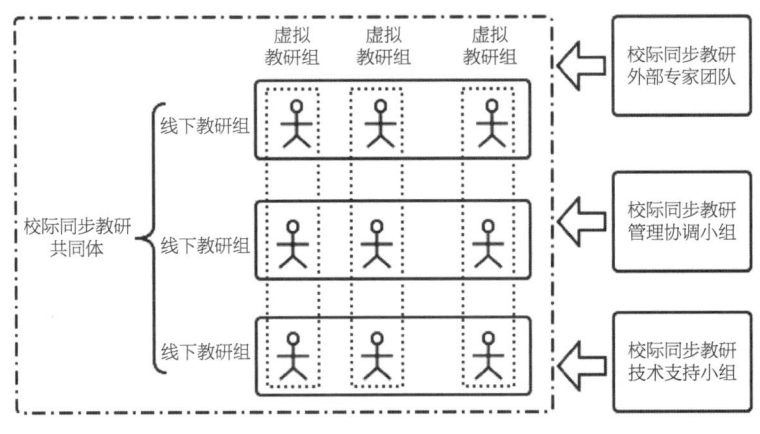

图1 同步教研组织架构

其中,校际同步教研共同体是这一教研模式中的主体,由各教研组的教师组成。在活动组织时,教研组可视活动目标与内容不同,兼有线下和虚拟两种组织形式,即各校的学科组自然形成线下教研组,各校各学科中同一层次的教师安排到不同的虚拟教研组中,构成若干个组内异质、组间同质的虚拟教研组。无论是线下还是虚拟的教研组,均由共同体配置资深教师作为指导者。

此外,为了确保同步教研的有效性,这一模式还关注指导、管理与支持团队的建设,包括由教研员、高校专家等构成的外部指导专家团队,由各校分管副校长、教务主任组成的管理协调团队,以及各校信息技术教师、厂商售后人员组成的技术支持团队。

(二)同步教研的运行模式

上述组织架构为同步教研的组织开展提供了运行保障。在具体运行时,江北区的同步教研主要采用由规划、准备、实施和总结四阶段构成的运行模式(如图2所示)。

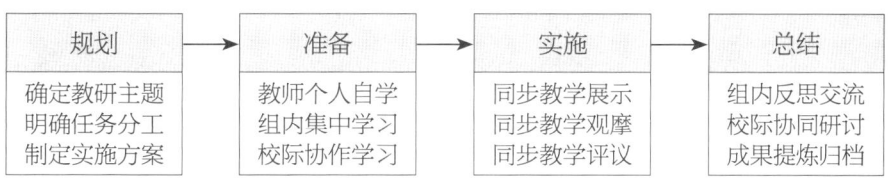

图 2　同步教研实施程序

其中,在规划阶段主要由相关的教研组负责人沟通协商,针对组内成员开展需求调研,最终确定研修主题,研制教研活动的方案及分工,必要时则邀请外部专家审议与指导,最终只有主题聚焦、分工明确、流程清晰的方案才会进入下一阶段。

准备阶段主要由活动的负责人组织成员对研修主题先行学习。在组织形式上,既有教师个体的学习,也有以所在教研组或学校为单位组织的集中学习,目的是为后续的集中研讨打下知识、技能基础。

实施阶段主要是基于互联网的教学展示与评议的方式,其中展示的课例主要是围绕前一阶段学习的知识、技能的实践应用。

在最后的总结阶段,主要通过线下或虚拟教研组先行研讨,再开展校际协同研讨。最终,将在教研活动中形成的经验、作品等由活动负责人加以归档,作为后续实践和应用的案例资源。

三、案例:基于单元整体的小学英语对话教学实践

在实验区推进中,惠贞书院、修人学校和灵峰学校三校小学英语教研组构建了共同体,对上述同步教研的模式应用开展了实践,以下结合案例进行说明。

（一）规划阶段

在此阶段，三校的英语教研组长召开"钉钉"会议，协商决定围绕教师普遍关注的对话教学专题开展同步教研，并将主题定为"基于单元整体的小学英语对话教学实践"。之后，各组分别针对本校教师开展需求调研，确定以各虚拟教研组先自行组织学习，再集中开展课例评议的方式组织开展。

（二）准备阶段

在此阶段，三位组长分别针对三校的线下英语教研组，以及由年轻教师、骨干教师构成的两个虚拟教研组，分别设计了研修任务、活动要求及学习资源，要求各组成员以自主或集中学习的方式在教研活动前完成学习任务。同时，确定由惠贞书院负责集中教研阶段的活动准备。

（三）实施阶段

在此阶段，各虚拟教研组派两人进行学习心得分享，一人进行说课展示，一人进行教学展示。展示结束后，三校教师分别针对各教研组学习任务中的导学问题开展研讨，并轮流开展评议。

（四）总结阶段

在此阶段，先由各成员依据导学任务开展自主反思与心得提炼，之后以教研组为单位召开组内总结，最后进行校际教研成果的展示交流。待所有环节结束后，对活动中形成的项目方案、说课稿、课件、课例实录、优秀研修心得等进行归档，并上传至云平台，作为后续实践的参考案例。

四、小结

从"基于单元整体的小学英语对话教学实践"案例的实施结果可以看出，本文建构的"互联网 + 校际教研"模式不仅可以有效促进研修共同体中不同发展阶段教师的专业发展，城区骨干教师与结对学校教师共同进行教学设计、课堂实施等教研活动的过程也可以让双方教师更加清晰地认识自己,重新定位自己,有利于教师个体的长远发展。另外,实践中还存在不足之处,如研修中布置的自主学习内容还不够精准,范围过大,没有准确聚焦到研修主题,每一阶段的目标不够清晰具体等,这些都会直接影响到研修进度和效果,有待在后续实践中持续改进。

参考文献:

[1]胡小勇,曹宇星.面向"互联网+"的教研模式与发展路径研究[J].中国电化教育,2019(06):80-85.

[2]阮高峰,林叶郁.同侪辅助学习模式及网络互助学习群体构建实践[J].中国电化教育,2006(11):34-37.

[3]尹庆后.推进教育发展均衡化的几点思考[DB/OL].(2005-09-21)[2021-09-15].http://www.moe.gov.cn/s78/A11/s3077/moe_915/tnull_12162.html.

[4]杨薇薇.利用网络教研平台实现城乡教师教研互动研究——以观摩教研活动为例[D].金华:浙江师范大学,2010.

基于互联网的校际教研及其实施建议

宁波市江北区实验中学　刘愔颖

一、基于互联网的校际教研与教育均衡

（一）教育信息化建设已为基于互联网的校际教研提供运行条件

当前，我国的教育事业发展依然受到区域间、学校间的师资力量及办学条件差异的影响，呈现发展不均衡的状态。随着"教育公平""教育均衡发展"等逐渐成为当前教育的主旋律，国家出台各种政策，为教育的均衡发展提供了有力的政策支持，并将信息技术在教育均衡发展中的应用作为重要的创新方向。2010年，教育部在《国家中长期教育改革和发展规划纲要（2010—2020年）》中明确指出，基础教育信息化重在努力缩小地区、城乡和学习的数字化差距、促进教育均衡发展。

随着计算机网络通信技术的飞速发展，丰富的信息技术手段为教育活动的开展实施提供了多种选项，基于互联网的校际教研正是在这一背景下产生的。传统的校际教研，往往采用现场观摩课例、主题研讨、个别指导等形式开展，优点在于教师可以直观地、零距离地置身于实践情境，但缺点也很显见，即耗时费力、组织成本较高。随着我国教育信息化的稳步推进，"三

通两平台""互联网 + 义务教育"等工程的实施,基于互联网构建校际网络教研的技术基础设施已经具备。

近年来,不少教育研究者和实践者对互联网环境下的校际教研的组织与实施开展了研究与实践,这些探索对于本研究领域的深化十分有益。但是总体而言,相关研究与实践还处于初级阶段,基于互联网的校际教研在实践中依然有较多问题需要解决。例如:哪些层次的学校相互协作,参与校际教研最为合适?在组织实施上应该成立怎样的组织架构?在教师专业发展规划衔接、教研制度制定、教研文化创设等层面,应该如何决策,为校际教研发挥作用创设条件?正是基于对上述问题的困惑,本文对在互联网环境中组织与开展校际教研活动的方法与策略进行了思考与探索。

(二)开展基于互联网的校际教研的意义

利用互联网开展校际协作,组织与开展教研活动,它既是对传统教研活动组织实施模式的继承,同时也是借助新的技术环境,对教研活动组织模式创新的一种探索。与传统线下的教研组织模式相比,基于互联网的校际教研之所以值得研究,是因为它具有的以下优势,使其可以成为前者的有效补充。

首先,教研活动要发挥实施成效,实现对教师的专业发展和学校教学实践的助力作用,需要在教研活动中引入高质量、专业性的教研资源。借助互联网环境来开展校际教研,可以发挥网络媒体在信息传输效率和传播范围上的优势,使得教育资源相对薄弱的学校,能够方便接入本区域和异地优质学校的教研资源,如邀请教研室、高等师范院校等专业机构的高水平专家参与教研,发挥其专业引领作用,提升教研活动的实践成效。

其次,基于互联网的校际教研因为参与成本降低,除了可以方便地整合外部资源外,也使得不同层次、不同类型学校的教师可以便捷地参与网络教研活动。一方面是可以将这一教研活动与传统的校本研修、教研组研修等加以整合,丰富学校的教研参与机会,为教师专业发展提供更多渠道;另一方面,因为信息技术在信息存储与互动形式上的多样性,它也可以为教师提供同步、异步相结合的教研活动参与方式,使得教研活动可以和日常的教育教学活动更好地进行衔接,在丰富教师教研实践的同时缓解了工学矛盾。

最后,因为上述两点,基于互联网的校际教研也为教师的教育教学能力提升、教育实践智慧形成,创设了丰富的、情境性的实践场所。教师的实践智慧需要在日常教育教学的情境中,通过自我反思与体会,加深对已有的教育教学知识的理解与领悟,更新教育理念,提升教学技能。而情境性的实践案例与任务对这一过程起到了十分重要的支撑与孵化作用。网络教研以较低成本的方式为教师领悟其他教师差异化的教学理念与方法,提供了一种便捷通路。持续性的参与体会、同伴引领和氛围影响,有助于激发教师对自身教学认识产生有益冲击,并借助自主反思和群体研讨来增进自己的实践智慧。

二、互联网环境下校际教研的组织与实施

校际教研,顾名思义是指学校与学校之间构建教师教研共同体,基于共同的目标与任务,协同开展的研修活动。因为校际教研中的教师来自不同学校,其所在学校组织结构、管理制度、文化氛围各有差异,教师的专业发展起点也各不相同,教研共同体的规模更大,因此相比单一的校本研修,它在组织与实施中要有相应的组织管理机制设计。

(一)构建校际教研组织,创设校际教研氛围

与校本教研相比,校际教研在组织上有多个学校作为主体参与。这些学校各自的教研制度、教研文化、教学理念和主张都可能存在差异;同时,各校教师相互之间缺少了解,这种社交情境上的陌生感,容易导致教师在教研

活动中只是外围参与,无法深入情境畅所欲言、毫无保留地参与研讨。因此,强化校际协同的教研组织,并通过组织形式、管理方法、评价考核等方面的制度建设与文化塑造,创设良好的校际教研氛围,是互联网环境下实施有效校际教研的重要条件。

在建立校际教研组织时,首先要考虑教研参与学校的组建。我们建议连接有共同教育理念、主张的学校,以建立彼此间的认同,并形成共同的发展愿景。在此基础之上,可由各校校级领导、主管科室和骨干教师担任成员,共同组建校际教研领导小组。领导小组的成员除了要做好校际教研的整体规划及过程管理外,在实施过程中也要充分发挥校际教研桥梁和黏合剂的作用,做好组织、引导与协调工作,引导本校教师以信任、理性、负责任的态度投入校际教研活动之中。

教研工作制度是确保校际教研顺利开展的强有力支持。在实践中,校际教研领导小组应开展集体研讨,积极地整合不同学校之间的校情特点与教育文化,依据发展愿景和各自优势,协同创设校际教研的管理制度、实施程序、评价方案等规章制度,为学校教师参与校际网络教研提供行为准则和操作规范,从而创设良好的校际教研氛围。

(二)构建校际教研环境,提供校际教研基础

要开展基于互联网的校际教研,离不开互联网、计算机音视频交互设备等信息技术设施和相应的教学系统。建设支撑校际教研所需要的可靠、安全、稳定的技术环境是校际教研得以有序开展、实施的前提条件。

为此,参与互联网环境下校际教研的中小学校需要基于已有教育信息化建设现状,在可能的情况下结合校际教研的场景创设与互动交流需求,对技术装备的技术性能、兼容性等进行检查,必要时也需要进行设备与系统的升级与增配等。在可能的情况下,还需要通过本校人员培训、外部服务购买等方式组建技术保障队伍,以应对实施过程中突发的技术问题。

与此同时,技术设备最终需要教师应用才能发挥作用,因此伴随着技术环境的创设也应当建立面向教师的技术培训制度,确保参与校际教研的教师在互联网环境下也能顺利地开展教学、参与研讨等。只有当教师在技术设备与应用系统的操作上达到熟练甚至自动化的程度,他们才能够将自己的主要精力集中在教研活动本身,而不是停留在技术操作行为本身。

(三)创新教研形式,提供校际教研支架

要在互联网环境中顺利开展校际教研,对互联网支持的校际教研活动组织形式进行探索与创新十分重要。互联网环境中的校际教研模式的探索可以理解为是将传统线下教研活动特点与互联网传播特点进行融合创新的过程。它一方面需要吸纳传统线下教研方式中的优势,结合参与学校的特色来合理应用;另一方面也需要结合相关教研活动在网络环境下组织传输的可能性来进行综合考量。总的来说,互联网环境中校际教研的组织形态主要有以下几种。

1. 同步主题研修式

此处所指的同步主题研修式校际教研活动,可以理解为传统线下专家讲座的互联网化形式。在组织上,校际教研管理团队的成员首先会基于校际研修的目标和各校教师的需求来确定研修主题,并整合各校已有的教育资源来邀请确定讲座的专家。专家既可以是来自校际协作各校中的骨干教师,也可以是外部的高层次专家,例如各级教研员、高校教育学专业的专家等。

在实施时,讲授专家可以在某一所学校现场参与,也可以通过网络的方式远程参与。在讲授环节结束后,各校基于互联网沟通与互动平台,开展双向的实时音视频交流,对研修主题开展充分研讨,以此提升教师专业能力。

2. 异步主题研修式

所谓异步主题研修,主要是指基于互联网平台创设研讨主题,各参与学

校的教师自由指定参与的时间与地点,以异步的方式开展对教研主题的交流与讨论。这一网络教研方式组织成本更低,参与方式灵活,可以穿插在教学工作的间隙完成,可以较好地缓解工学矛盾。

在平台的选择上,既可以使用专用于网络教研的教学系统,也可以借助"名师工作室""个人空间"等灵活发起。但是相比较这些通用的系统,借助专用教研平台,建立网络"大教研室"对于研讨中观点记录与结果存档更有优势,在条件具备的情况下还是应该优先采用这一方式。

在具体的组织形式上,通常会由教研活动的管理者通过讨论区发起研讨任务,并依据教研进度定期发布研修内容。参与教师则根据主题和提供的教研资源,发表自己的观点,分享自己的成果,并在彼此的观点碰撞中逐渐深入,由表及里,相互补充,达成共识。主题研修任务结束后,管理者会在后台及时梳理所有观点,并总结形成最终的教研成果。

3. 同步课例研磨式

基于课例的研磨方式是当前教研活动组织中十分常用的形式,在组织上主要是针对特定教学主题,设定典型的教学课例,以其作为一个研讨的资料,借助不同教师对其中采用的策略与方法的讨论,引领教师群体进行深入的探析,以此来确定最佳的教学解决策略。借助课例研磨,参与教师可以通过学习、讨论、反思、感悟来深化自身对教学问题的理解,借鉴优秀的教学策略与方法,在实践中调整教学行为,解决课堂教学中的问题,实现专业成长。

互联网环境中开展同步课例研磨式校际教研,主要是借助当前同步课堂的技术环境,由授课教师通过音视频等互动方式,基于网络展示典型课例。其他教师同样通过视频互动系统参与研讨与打磨,完成传统课例研磨式教研活动的有关任务。

利用视频互动系统开展同步课例研磨,除了可以打破时空限制,同时也可以方便地借助网络教研系统收集优质资源并积累教研成果,这是当前校际网络教研中比较常见的一种形式。

4. 课题研究式

互联网环境中课题研究式的校际教研，主要的做法是基于互联网构建校际的教师协作小组，然后针对当前的教改热点或学校教学实施中存在的困难等遴选适宜的主题，作为课题研究的主题。之后，小组成员通过集体协商的方式，确定课题研究的方案规划、技术路线、进度安排与职责分工等，分工合作推进课题研究工作，并基于互联网定期进行沟通交流，协同推进课题的研究实施。

课题研究是教师对教育现象建立深度理解、探索合理的教学策略的重要途径，也是教师专业发展的重要实施形式。基于互联网的课题研究协作能够整合来自不同学校的多样观点，对于教学问题研究的系统性和全面性具有独特的优势。

三、互联网环境下开展校际教研的建议

基于互联网的校际教研，创设了更加丰富的教研空间，同时也可以发挥信息技术在信息传播与存储方面的优势，是当前教研形式的有效补充。在实践中，也需要关注以下问题。

第一，处理好校际教研共同目标与学校自身特点挖掘之间的平衡。校际教研虽然是由具有相同研究关注点或提升目标的学校协作开展的，但各校校情还是存在差异，在具体目标上也不可能完全重叠。因此在实施过程中，各校可以在整体教研规划一致的前提下，依据各校特点来细化各自的目标，兼顾共同目标与自主特色。

第二，要注重生成性资源积累和成果提炼工作。教研活动的过程就是教师学习的场景。在这一过程中，教师得到了专业的提升，同时也需要注重

生成性数字资源的积累与提炼,以便于不断丰富学校的校本资源,固化已有的教学基因,促进学校的发展和教师队伍的整体提升。

第三,校际教研活动在组织形式上可以灵活多样。在组织的形式上,既可以组织协作学校所有教师参与的大型教研活动,同时也可以组织针对特定年级组、学科组,或者是特定的课题研究小组的协同教研活动。

参考文献:

[1]李华.基于网络的协同教研系统研究[J].电化教育研究,2012,33(12):50-57+68.

[2]廖廷武."互联网+"背景下欠发达地区高中地理校际协作教学实践研究[J].科技视界,2019(27):92-93.

[3]庄敏琦,庄菁玮,李明翔."互联网+"背景下校际协作教研模式的研究与实践[J].中国电化教育,2015(12):93-96+142.

[4]沈烈炯.搭建网络教研平台 促进教研发展[J].小学时代(教师),2012(06):98.

基于同步教研资源的教师实践知识提升策略研究

宁波市江北区第二实验小学　郑旖旎
浙江师范大学教师教育学院　刘冬冬

一、研究背景

（一）同步教研资源与教师实践知识

教师承担着教书育人、培养社会主义事业的建设者和接班人、提高国民素质的使命。教师队伍水平、专业发展走向和优劣，很大程度上决定了教育发展的方向与品质。而教师谋求专业发展必须具备的知识有：学科知识、一般教学法知识和实践性知识。其中，实践性知识是教师在实践经验和教学反思的基础上总结凝练而成的，是促进教师有效教学的重要基石。教师实践性知识的获得既需要其自身不断学习，形成"实践→反思→实践"的成长模式，也需要参与教学实践情境，在同伴评议、观摩演练等过程中建构。

在当前"互联网+义务教育"推进的过程中，伴随着同步教研等活动的开展，已经积聚了丰富的教学实践案例。为此，本文认为借助互联网平台对这些案例资源进行二次开发应用，可以为更大范围的教师创设教学实践情境，从而为教师实践知识的形成提供新的助力。

(二)同步教研资源的特点

借助数字化的采集与存储设备,同步教研案例资源得以将教学实践从规划到总结的完整过程进行系统呈现,并具有多样性、情境性、共享性和建构性的特点,可以为教师实践知识的提升提供帮助。

1. 多样性

同步教研资源是伴随着教研活动的完整过程形成的,包括了集体备课、教学实录、教学课件、课例评议、教学反思等丰富的形式。此外,不同的教研共同体可以方便地共享,可为丰富教师实践性知识提供多样的研习案例。

2. 情境性

同步教研中形成的教学实践案例具有鲜明的生成性特点,即它真实地再现了教学发生的情境以及教师决策的过程。教师观摩研习此类案例,不仅可以学习教学决策该"如何",也知道"为何"。在此基础上,借助反思内化,在模仿中迁移,教师可以形成自己的实践智慧并走向创新。

3. 共享性

远距同步教研最大的优势就是突破了时空的限制,教师即使身处不同的时空,也可以共享优质的教研资源。对同步教研资源而言,除了在活动发生的过程中可以借助网络扩大传播范围之外,更重要的是在活动中归档的案例资源,可以异步的方式在更宽广的时空中分享给更多的教师,在提升资源利用的同时,也扩大了受惠面。

二、基于同步教研资源的教师实践性知识提升策略

(一)聚焦目标达成,提升教师教学设计能力

相比较传统线下课堂中的单班教学,同步课堂涉及不同学校的不同班级。这些学生无论是在智力构成、学习方式还是互动习惯等方面,均存在差

异,如何设计合理的分层教学也成为同步课堂教学的难点和关键。但与此同时,有效的同步课堂教学案例也提供了针对不同层次学生开展针对性教学设计的"多合一"样板,对于年轻教师分析学情、解构教学目标并为不同类型学习者重构学习目标提供了极好的案例。

在实践中,我们基于前一次教学中学生的课堂表现、作业反馈情况以及平时检测时的相关数据,进行综合分析,并在教学设计中专门论述学生分层的处理方式,以及各层次学生应该达到的学习目标与教学活动建议。以此作为对参与观摩和后续研习教师的研讨素材,较好地改进了这部分教师在教学目标设计中的学情分析及分层教学策略设计能力。

(二)应用实践,提升教师课堂教学魅力

教学实践知识的养成离不开在真实情境中的实践演练。在实践中,我们在对同步课堂教学案例进行归档的过程中,强化了对不同教学策略的应用情境、理论基础、具体程序以及注意事项等的表述,目的就在于在达成同步教学目标的同时,也能为观摩研习的教师在同类情境中进行教学决策提供参考。除此之外,在归档形成的案例资源中,也提供了实践任务,要求教师在观摩、研习后在类似教学情境中应用这些策略开展教学实践,并就实践成效进行分析与反思。

需要说明的是,这些实践任务有些面向同步课堂教学情境,有些则面向通常的线下课堂。年轻教师在案例熏陶下,以实践建议作为脚手架,并在教研共同体的支持下开展教学实践,不仅有助于其理解、内化有关的教学策略与设计技巧,同时也较快、较有针对性地对其特定的教学技能进行了提升。

目前,江北区在同步教学中已经积累了丰富的案例资源,并针对不同学科的不同教学环节形成了专题性研修资源,既有阅读教学、文本理解等学科相关的主题,也有课堂教学互动、提问策略等通用技能。

(三)打造共生团队,提升教师梯队发展潜力

在江北区同步课堂推进过程中,将研修资源的建设与同步教学的探索课题、教研共同体的建设并轨运行,在案例资源不断丰富的同时,教研共同体的成长也在同步进行,这也为区域内教师梯队建设提供了强有力的支撑。

将研修案例资源与共同体并轨运行,其中一个很重要的组织形式就是围绕先行设计的探索主题,由共同体成员轮流担任教学、观摩、归档的工作。这样做的好处在于可以丰富案例的设计主线与实施路径,对于个体而言也得以在不同的实践任务中切换视角,激起更多关于有效教学设计的内在反思。同时,共建教研资源的过程,也让教师在彼此学习的过程中共同进步,建立情感联系。

此外,为提升共同体的研修质量,在实践中也积极地整合外部专家资源,在同步课堂的专题实践中,邀请与专题研修内容相关的高校专家、教研员、其他地区的优秀教师等参与指导,以提升共同体研修活动的效果,并为后续形成的研修资源质量提供保障。

(四)重视反思,提升教师教学水平

要将研修案例中策略设计智慧转变为教师实践性知识,最重要的是引发教师内在关于教学智慧的认知冲击,促成其对策略的情境、作用甚至内在机理的深度理解,并借助反思性的教学实践将其逐渐内化为自己的教学常规。

布鲁巴赫等学者认为反思性教学实践包括"对实践的反思""实践中的反思""为了实践的反思"[1]。可以看到,不论是哪一种形式,均重视教师自主反思与实践的紧密结合。同步教研资源可以在教学的各个阶段为教师提供丰富的参考材料,启迪教师的思维。教师进行的教学反思是对问题进行反复、深入与持续不断的思考,有助于复杂情境中复杂问题的解决。教师的教学实践经验不仅能够对教师原有的已被证明是正确的和可行的实践性知

识进行加强和巩固,还能为教师创设新的机会去获取和掌握更多的新知识。教师进行反思也使其教学经验得到了深化,这一过程对教师的实践性知识提升具有重要的意义。

(五)加强自主学习,促进教师专业发展

同步教研资源可以为教师提供各种各样的优质学习材料,促进教师的自主学习。在新课程改革以及"互联网+"背景下,自主学习开始成为教师专业发展的不可或缺的途径,是教师丰富和发展实践性知识的重要来源。首先,教师应具备自主学习的意识;其次,教师要将意识转化为实践行动。教师在积极而强烈的自主学习这一内驱力的引导下,进一步以实践行动主动选取能满足自身需求的同步教研资源,并采用合适的学习方法,提升自己的职业素养,促进自身实践知识的提高。大量的同步教研资源在网络上进行了共享,为教师提供了一个很好的自主学习环境,特别对同步教学的"新手"而言,这些教研资源将是"新手上路"最为宝贵的指南。同步教学的"新手"可以利用已有教学课例或前人提炼的同步课教学模式开展模仿设计,也可以利用现成的教学素材(多媒体课件、学案、作业单等)组织开展教学。同时,同步课堂最大的优势在于每节课都有视频的记录,每节课结束后,都可以通过视频回放等方式,对自己的教态语言、课堂细节等进行回顾分析,进一步促进实践性知识的生成。

三、结语

同步教研资源能让教师有的放矢,针对教学中的典型难题,开展专题研习,提升个人教学能力。同时,促使教师从模仿教研课例到创造性地应用资源,并在反复的"教学实践、评课反思、改良精进"的过程中,逐步实现个性化和多元化的专业成长。这一针对性强且与日常教学实践紧密衔接的研习方

式,让教师在思考和完善教学的过程中实现实践知识的提升,值得在实践中深化应用。

参考文献:

[1]靳玉乐.反思教学[M].成都:四川教育出版社,2006.

[2]秦积翠,万鑫娟,张雅楠,等.教师专业发展研究[J].教育与教学研究,201,33(06):89-129.

[3]朱丽华.以布鲁巴赫反思模式为依据反思教学活动[J].早期教育(教师版),2011(04):52-53.

[4]赵鑫,谢小蓉.优秀教师实践性知识的构成逻辑与显化路径[J].教师发展研究,2018,2(03):59-65.

[5]王鉴,徐立波.教师专业发展的内涵与途径——以实践性知识为核心[J].华中师范大学学报(人文社会科学版),2008(03):125-129.

附 录

宁波市江北区推进"互联网+义务教育"工作历程

阶段一:试点研究

· 2016年3月,宁波市惠贞书院小学部与宁波江北区修人学校首次开展远距同步互动智慧教学。

· 2016年4月,两校常态化开展"相约星期五"远距同步互动教学的单班试点。

· 2016年9月,两校同步扩容,发展为四个年级三门学科的同步教学及语文学科的教师校本研修活动。

· 2016年12月,两校同步线上线下并行,修人学校学生第一次线下参与惠贞书院的"欢乐生活周"活动。

· 2017年6月,杭州师范大学杨俊峰教授及其团队就"混合式同步课堂"对两校同步教学班级进行问卷调研。分析报告显示,两校学生对课堂效率、课堂交互、教学环境、教师支持、任务取向等五个指标的满意度均值都略高,且没有显著差异。说明两校学生都喜欢同步课堂,并且能够从中愉悦高效地获得知识。

· 2018年4月,完成混合同步网络课堂有效性的实证研究。

阶段二：全面推进

• 2018年12月，召开江北区推进"城乡携手、同步课堂"工作现场会。

• 2019年1月，制定宁波市江北区"城乡携手、同步课堂"实施方案；召开各结对校同步课堂实施方案论证会。

• 2019年2月，全区同步学校修订"城乡携手、同步课堂"实施计划书；签署"互联网＋教育"结对共建协议书；形成江北区2019年（上）同步课堂课程实施总计划表；开启同步教师系列化专业培训。

阶段三：品质提升

• 2019年2月，江北区在浙江省教育技术中心培训会上做了主题为"以远距互动 促教育均衡"的经验介绍。

• 2019年5月，在浙江省"互联网＋义务教育"推进会上，江北实验中学代表支援学校做了主题为"同步点亮课堂，城乡共享未来"的分享。

• 2019年7月，江北区被确定为全省"区域和学校整体推进智慧教育综合试点单位"。

• 2019年9月，启动宁波江北与黔西南册亨师生千里连线同步直播教学。

• 2019年10月，编印了《携手同行 城乡共进 —— 江北区开展"城乡携手、同步课堂"试点工作纪实（2019年）》。

• 2019年11月，申报全国"基于教学改革、融合信息技术的新型教与学模式实验区"，在全省有了一定的影响力，做法得到省教育厅主要领导的肯定批示，3组学校案例入围省"互联网＋义务教育"创新案例。

• 2020年2月，开启江北区同步联盟教研系列展示培训活动。

• 2020年4月，江北区在省教育厅召开的"互联网＋义务教育"实验区工作会议上做"互联网＋义务教育"结对帮扶的经验交流。

• 2020年5月，江北区被遴选为浙江省"互联网＋义务教育"15个实验区之一。

· 2020年12月编印了《智慧同步共享 优质均衡发展 —— 江北区开展"城乡携手、同步课堂"试点工作纪实（2020年）》。

阶段四：成果提炼

· 2021年1月，江北区启动"'互联网+'时代教育优质均衡发展的路径与策略"专项研究，邀请浙江师范大学阮高峰教授担任指导专家。

· 2021年2月，开启"'互联网+教育'论文撰写专题指导"系列区域培训活动，研究团队成员启动经验总结、论文写作等活动。

· 2021年3月，江北区于第一轮通过浙江省区域和学校整体推进智慧教育综合试点成果鉴定。

· 2021年4月，课题"促进区域教育均衡发展的'城乡远距同步课堂'运作机制研究"结题，获"宁波市教育科学规划课题优秀成果"一等奖。

· 2021年5月，进入"互联网+教育"论文撰写一对一系列指导阶段，《"互联网+"时代教育优质均衡发展的路径与策略》相关文章修改完善。

· 2021年8月，《"互联网+"时代教育优质均衡发展的路径与策略》书稿结集，与宁波出版社签订出版合同。